AF564897

प्रसन्नता
Happiness

Personality Development
व Self Help की लोकप्रिय पुस्तकें

प्रसन्नता
Happiness

सदा प्रसन्न रहने के Golden Rules

प्रो. पी.के. आर्य

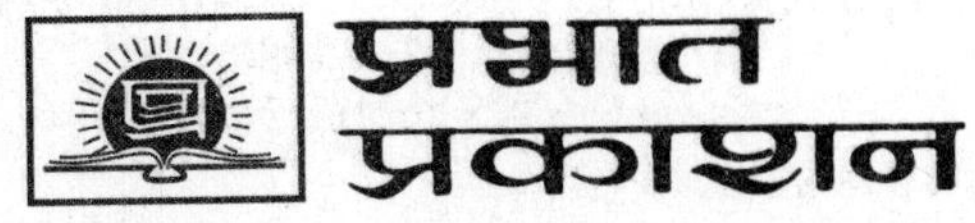

प्रकाशक • **प्रभात प्रकाशन प्रा. लि.**
4/19 आसफ अली रोड,
नई दिल्ली–110002
सर्वाधिकार • सुरक्षित
संस्करण • 2023
मूल्य • दो सौ रुपए
मुद्रक • नरुला प्रिंटर्स, दिल्ली

Prasannata (Happiness)
by Prof. P.K. Arya
Published by Prabhat Prakashan Pvt. Ltd.,
4/19 Asaf Ali Road, New Delhi-2
e-mail: prabhatbooks@gmail.com
ISBN 978-93-5048-445-6 ₹ 200.00

विषय-सूची

जीवन में प्रसन्नता के लिए 6 गुरुमंत्र

विवेक की सबसे प्रत्यक्ष पहचान सतत् प्रसन्नता है।

—मॉतेन

1

मुसकराहट का जादू

तुम्हें क्या चाहिए? तुम्हें जो भी चाहिए, उसे अपनी मुसकराहट से प्राप्त करो न कि तलवार के जोर से।

—शेक्सपियर

सफल जीवन का पहला गुरुमंत्र है—मुसकराहटपूर्ण जीवन। मुसकराहट से खिलते हैं हमारे दिलों के गुंचे। यह ऐसी क्रिया है जो सदैव सकारात्मक प्रतिक्रिया लाती है। मुसकराहट मनुष्य को उपलब्ध एक बेशकीमती नियामत है, इसे दिल खोलकर खर्च कीजिए। मुसकान को अपने व्यक्तित्व का महत्त्वपूर्ण पक्ष बनाने वाले लोग जिंदगी में ज्यादा सुखी,

सफल तथा प्रसन्नचित्त होते हैं। ऐसे व्यक्ति अधिक लोकप्रिय व प्रभावशाली भी होते हैं, उन लोगों के मुकाबले, जो अपने चेहरे पर मनहूसियत का नकाब ओढ़े रहते हैं।

खुशमिजाज, जिंदादिल व हँसमुख लोग सभी के प्यारे होते हैं। उनसे हर कोई अपना संपर्क तथा संबंध बनाना या बढ़ाना चाहता है; जबकि बदमिजाज तथा क्रोधी स्वभाव के लोगों से सब दूर भागते हैं···यहाँ तक कि उनके अपने खास व सगे भी।

मर्लिन मुनरो, मोनालिसा तथा मधुबाला, 'म' से शुरू होने वाले इन तीनों खूबसूरत नामों की ख्याति के साथ जुड़ी है, इन तीनों की बेशकीमती मुसकान। उनकी एक-एक मुसकान लोगों की समूची दिनचर्या को प्रभावित करती थी। उनकी एक झलक के दीवाने थे लोग···ये सब जादू था मनमोहक मुसकान का। यह मुसकान एक प्रसन्नचित्त व्यक्तित्व की ही देन है।

मुसकराहट एक ओर जहाँ सौंदर्य वृद्धि में सहायक होती है, वहीं यह हमारे युवापन को भी बरकरार रखने में मददगार साबित होती है। जब हम आक्रोश की मुद्रा में होते हैं तो हमारा शरीर प्रतिकूल हारमोनिक प्रक्रिया से गुजरता है फलस्वरूप हमारी मांसपेशियाँ अधिक खिंच जाती हैं। इस ज्यादती के बार-बार दोहराते रहने से हमारी उम्र से ज्यादा बुझा-बुझा

हमारा चेहरा होता है और हम कम उम्र में भी कहीं ज्यादा बड़े प्रतीत होते हैं।

जब हम मुसकराते हैं तो हमारे चेहरे की एक महत्त्वपूर्ण मांसपेशी 'जाइगोमेटिक मेजर मसल' ही कार्य करती है, जो 'चिक बोन' (गाल की हड्डी) से चेहरे के अन्य कोनों तक जाती है। अतः वे लोग, जो अधिक युवा दिखने की ख्वाहिश रखते हैं, उन्हें खूब मुसकराना चाहिए।

जो काम बड़े-बड़े सिफारिशी खत तथा नोटों के ढेर नहीं करा पाते, वे एक मीठी मुसकान के जादू से पल भर में हो जाते हैं। यह एक ऐसी मीठी छुरी है, जिसे आदमी स्वेच्छा से खाने को लालायित रहता है। वैसे भी जब हम मुसकराते हैं, तो न सिर्फ अपने आस-पास रहने वालों के बीच प्रसन्नता बिखेरते हैं, अपितु हम खुद भी मानसिक सुकून पाते हैं। शोधों द्वारा यह स्पष्ट हो चुका है कि जो व्यक्ति अधिकाधिक मुसकान बिखेरते हैं, वे शारीरिक व मानसिक रूप से अपेक्षाकृत अधिक स्वस्थ व सुखी रहते हैं।

आत्मरूपांतरण की महत्त्वपूर्ण विधा 'सुदर्शन क्रिया' को दुनिया भर में जन-जन तक पहुँचाने वाले प्रख्यात आध्यात्मिक गुरु श्रीश्री रविशंकर अपनी प्रसन्नमुद्रा के कारण सभी के बीच लोकप्रिय हैं। विज्ञान के दम पर आधुनिक मनुष्य के जीवन में समृद्धि का दावा करने वाले वैज्ञानिक इस बात

को लेकर हतप्रभ हैं कि श्रीश्री रविशंकर जी कैसे हर समय मुसकराते रहते हैं। एक भेंटवार्ता में उन्होंने अत्यंत अचरज भरे भाव से कहा, कि उन्हें गुस्सा सिर्फ एक बार आया था, ये 1991 की बात है।

वस्तुतः खीझ और क्षोभ हमारे अधूरे एवं अतृप्त व्यक्तित्व की निशानियाँ हैं। जो हमारे लिए दुःख और विषाद के अतिरिक्त कुछ भी उत्पन्न नहीं करतीं। हमें यह भी याद रखना चाहिए कि परमात्मा ने सभी प्राणियों में सिर्फ और सिर्फ मनुष्य को ही मुसकराने की क्षमता दी है।

मनोवैज्ञानिकों की राय है कि परिस्थितिजन्य विषमताओं में यदि हमारे चेहरे पर मुसकराहट रहेगी, तो हमें ज्यादा अच्छे तरीके से प्रत्युत्तर मिलता है। चेहरे की मांसपेशियों को मुसकराहट में इस्तेमाल करने से एक ओर, जहाँ रक्तचाप सामान्य होता है, वहीं दूसरी ओर, शरीर को भी आराम मिलता है। जब हम मुसकराते हैं, तो हमारा क्रोध स्वतः ही रफूचक्कर हो जाता है और हम चाहकर भी गुस्सा नहीं कर पाते। यही नहीं जब हम मुसकराते हैं, तो हमारा शरीर अतिरिक्त ऑक्सीजन सोखता है, जिससे हमारे मस्तिष्क को ठंडक और प्रचुर मात्रा में स्वस्थ रक्त मिलता है। यह एक तरह से हमारे दिमाग के लिए 'एयर कंडीशनिंग' का कार्य करता है।

जब कभी भी हमारा दिमाग काम करते-करते अधिक गर्म हो जाता है, तो वह नकारात्मक भावनाएँ पैदा करने लगता है, जिसके निदान का बेहतर उपाय मुसकराहट है।

'स्माइलथेरेपी' पर काम कर रहे वैज्ञानिकों के अनुसार आप अपनी मुसकराहट और हाव-भाव से ही बिना कुछ कहे बहुत कुछ कह जाते हैं। प्रत्येक व्यक्ति के हाव-भाव का तरीका अलग हो सकता है। परंतु मुसकराहट प्रायः एक जैसी ही होती है। अतः किसी विशेष कारण या मिथ्या गंभीरता ओढ़ने के चक्कर में इस बहुमूल्य दौलत से अपने व्यक्तित्व को अलग न करें।

- मुसकराते हुए व्यक्ति स्वस्थ रहते हैं जबकि मलिनता हमारे लिए रोगों का निमंत्रण है।
- अपने जीवन को मुसकान और मुसकान को जीवन में परिणत कर देना ही सर्वोपरि नियम है।
- जो कुछ लोग कहते हैं कि तुम यह नहीं कर सकते, उसे करके दिखा देना ही सबसे बड़ी मुसकान का रहस्य है।

यह भी याद रखिए कि जब भी जीवन में हमें कुछ ऐसा मिलता है जो अत्यंत मूल्यवान है, तब हम स्वाभाविक रूप से प्रसन्न होते हैं। मिस यूनिवर्स और मिस वर्ल्ड चुने जाने के बाद सुष्मिता सेन और ऐश्वर्या राय के जो चित्र

समाचार पत्रों में प्रकाशित हुए थे, वे इस तथ्य को प्रमाणित करते हैं।

ध्यान देने योग्य बात यह है कि जब हम मुसकराते हैं अथवा हँसते हैं तब हम विचार नहीं कर रहे होते। इसे यूँ भी कह सकते हैं कि हम जब हँसते हैं तब विचार शून्य होते हैं। अप्रत्यक्ष रूप से यह ध्यान की 112 विधियों में से एक है। इस तरह प्रसन्न रह कर हम अपने व्यक्तित्व को संतुलित और स्वस्थ निर्माण करने में सहयोग प्रदान करते हैं। हँसी के साथ-साथ नृत्य भी ऐसा ही एक कृत्य है जिसे करते समय हमारा मस्तिष्क विचारशून्य अवस्था में होता है। समस्त आध्यात्मिक विभूतियों ने प्रसन्नता पर इसीलिए इतना जोर दिया है।

डॉ. सर्वपल्ली राधाकृष्णन एक प्रखर विद्वान तो थे ही, परम ओजस्वी व्यक्तित्व के स्वामी भी थे। उन्हें सन् 1950 में भारत का राजदूत बनाकर रूस भेजा गया। उन्होंने वहाँ अपनी सूझबूझ से अनेक पेचीदा तथा कठिन मसलों को हँसते-मुसकराते हल करने में सफलता पाई। उनके प्रयासों से भारत-रूस मित्रता और भी अधिक प्रगाढ़ हुई। स्टालिन जिसके खौफ से समूचा विश्व सहमा-सहमा रहता था, राधाकृष्णन जी की मुसकान से झेंप-झेंप जाता था। वह उनके खुशमिजाज व्यक्तित्व से अत्यधिक प्रभावित हुआ।

15 अप्रैल, 1952 को जब डॉ. राधाकृष्णन रूस से विदा लेकर भारत आने लगे तो स्टालिन लाख चाहकर भी अपने आँसुओं को न रोक सका। उसकी आँखें छलछला उठीं। उसने कहा, 'जीवन में आप पहले व्यक्ति मिले, जिसने मेरी चेतना को गहराई तक झकझोर दिया है। आपने मुझे मनुष्य समझकर हमेशा ही औरों से भिन्न आत्मीय व्यवहार किया।' डॉ. राधाकृष्णन ने बड़ी सौम्यता से स्टालिन की तरफ देखा, मुसकराए तथा धीमे से कहा-'अलविदा!' उनकी विजयी मुसकान इतिहास का स्वर्णिम पृष्ठ बनकर अतीत की स्मृतियों में चस्पा हो गई।

मनोवैज्ञानिकों का मानना है कि सबसे अच्छी मुसकान वह होती है, जिसे हम महसूस कर सकें। इस तरह की मुसकान हमें सच्ची खुशी प्रदान करती है। यह मुसकान आस-पास के वातावरण को अधिक खुशनुमा अधिक मनमोहक बनाती है। मुसकराते वक्त सिर्फ हमारे होंठ ही नहीं मुसकराते, हमारी आँखें भी मुसकराती हैं। हमारी आँखें बता देती हैं कि हम दिल से मुसकरा रहे हैं अथवा दूसरे का मन बहलाने के लिए मुसकाने का नाटक कर रहे हैं।

ध्यान रखिए—प्रसन्नता पर कुछ भी खर्च नहीं आता, लेकिन यह पैदा बहुत कुछ करती है। इसे पाने वाले मालामाल हो जाते हैं। परंतु देने वाले दरिद्र नहीं होते। यह एक क्षण

में उत्पन्न होती है और इसकी स्मृति कभी-कभी सदा के लिए बनी रहती है।

- जब आपसे प्रसन्नता अपेक्षित है, तो आप उसमें कंजूसी न बरतें।
- एक स्नेहपूर्ण मुसकान घर में सुख, व्यापार में लाभ तथा समाज में स्वास्थ्य लाती है। यह समर्थन के लिए किया हुआ मित्रता का हस्ताक्षर है।
- एक संपूर्ण प्रसन्नता थके हुए के लिए विश्राम का प्रतीक, हतोत्साही के लिए आशा का दीप, ठिठुरे हुए के लिए धूप की ताजगी तथा कष्ट के लिए प्रकृति का सर्वोत्तम प्रतिकार है।
- प्रसन्नता को खरीदा नहीं जा सकता, माँगा नहीं जा सकता, उधार नहीं लिया जा सकता। चुराया नहीं जा सकता, और जब तक यह दी न जाए, तब तक संसार में यह किसी के कुछ काम की भी नहीं।
- मुसकराते वक्त आपके भीतर का संतोष बाहर अभिव्यक्त होना चाहिए। ऐसा न लगे कि आप मजबूरीवश, दूसरों का दिल रखने के वास्ते अथवा औपचारिकता निभाने के लिए मुसकरा रहे हैं। जो भी आपको मुसकराते देखे उसे यह अहसास होना चाहिए कि आप इस संसार के सबसे खुशमिजाज इनसान है।

- जब आप मुसकराएँ अपनी आँखों की मांसपेशियाँ ढीली रखें। मात्र होंठों से ही नहीं आँखों से भी मुसकराना सीखिए। एक जादुई मुसकान में आँखों के भाव भी विशेष महत्त्व रखते हैं।
- अपने जज्बातों पर काबू पाना हालाँकि कठिन काम है, परंतु फिर भी जब किसी से मिलें तो अपने क्रोध, तनाव व परेशानियों को भुलाकर दिल से मुसकराते हुए मिलिए।
- जब भी किसी अजनबी से मुलाकात हो तो भरपूर प्रसन्नता के साथ उसका स्वागत कीजिए। भले ही आप कभी उससे पहले मिल भी चुके हों। प्रसन्नता का जवाब सहज प्रसन्नता के सिवा कुछ भी नहीं।

□

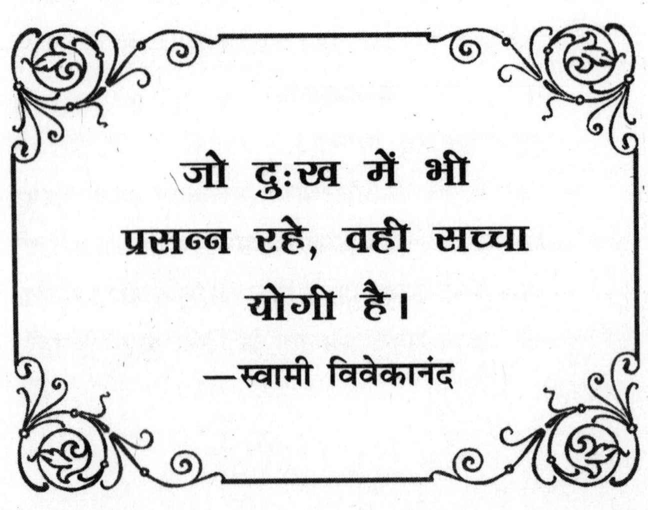
जो दुःख में भी
प्रसन्न रहे, वही सच्चा
योगी है।
—स्वामी विवेकानंद

2

वाणी का प्रभाव

पशु का समस्त जीवन सहज प्रवृत्ति से चलता है, जबकि मनुष्य के समस्त जीवन का आधार प्रसन्नता है। जिनके खजाने अकूत धन-दौलत से भरे हैं, यदि वे व्यक्ति प्रसन्न नहीं हैं, तो उन्हें यह धन-दौलत ही नीरस और बोझ प्रतीत होने लगती है।

—स्वामी विवेकानंद

प्रसन्न जीवन का दूसरा गुरुमंत्र है—वाणी का प्रभाव। ईश्वर ने मनुष्य को बोलने की अनमोल संपदा से नवाजा है। मनुष्य की वाक्‌शक्ति ही उसे अन्य प्राणियों से ऊपर

उठाती है। इस प्राणी जगत् के सभी जीव-जंतु देख अथवा सुन सकते हैं। परंतु वे अपने मनोभावों को समझा नहीं सकते। इसी कारण उन्हें बेजुबान कहा गया है, जबकि मनुष्य वाणी के अमूल्य खजाने से धन्य है।

हम स्वयं क्या हैं? इसका पता हमारी वाणी से चलता है। वाणी का अर्थ है—बोल, आवाज, कथन तथा वचन। बोलने का अभिप्राय बातचीत अथवा वार्तालाप करने से है। प्रत्येक सफल मनुष्य का बातचीत करने का अपना अलग ढंग तथा विशिष्ट शैली होती है। यह हमारी बातचीत का ही तो कमाल है कि कहीं कोई सभी का दिल जीत लेता है, तो कोई किसी को एक आँख भी नहीं सुहाता। हम अपने मधुर वचनों के बल पर ही तो गैरों को भी अपना बना लेते हैं, जबकि कटु वचन बोलने वालों के अपने भी गैर हो जाते हैं। हमारे द्वारा कहे गए बोल बहुत बार हमारे ही अपने प्राणों के शत्रु हो जाते हैं। यथा—

'जीभरिया बढ़ बावरी, कहि गई सरग पताल।
आपुन कहि भीतर भई, जूती खात कपाल॥'

महापुरुषों का कहना है कि जुबान से निकली बात तथा कमान से निकला तीर वापस नहीं होते। इसलिए हमें मृदुभाषी व विनम्र होना चाहिए। समाज में वही लोग आदर तथा सत्कार

के अधिकारी होते हैं, जिनके होंठों पर मधुर मुसकान तथा मुँह में मीठे बोल होते हैं। मीठे बोल का जादू अपनी अलग बिसात रखता है, यह औरों के सिर चढ़कर बोलता है, दिल जीत लेता है तथा सभी को प्रेम करने की सीख देता है।

यह सुनिश्चित है कि हम जब भी मिठास भरी जुबान में बात करते हैं तो शुभ ही बोलते हैं, जबकि कटुवचन सदैव दूसरे के अहित तथा अशुभ के लिए प्रयोग किए जाते हैं। विनम्र वाणी तथा प्रसन्नचित्त व्यक्तित्व एक सिक्के के दो पहलू हैं। इसे यूँ भी कहा जा सकता है कि ये दोनों सहोदर हैं। स्वभाविक तथ्य है कि जब व्यक्ति प्रसन्न होता है तो स्वमेव विनम्र हो जाता है।

ईश्वर ने वाक्शक्ति के रूप में मनुष्य को एक अमोघ अस्त्र प्रदान किया है। इसका सदुपयोग हमें अपनी वाणी को अमृतमयी बनाकर करना चाहिए। हमसे जहाँ तक संभव हो सके, अपने दो मीठे बोलों द्वारा दूसरों को राहत पहुँचाने का ध्येय होना चाहिए। बहुत बार ऐसा होता है कि हमारे कटुवचन जीवनपर्यंत चेष्टा व परिश्रम करके निर्मित किए गए संबंधों पर पानी फेर देते हैं। कठोर वचन बोलकर कभी भी किसी के मन को चोट नहीं पहुँचानी चाहिए। ऐसा करके हम दूसरों को तो आघात पहुँचाते ही हैं, बाद में कटुवचनों के संताप से हमारी आत्मा भी दुखी होती रहती है।

भाषा और वाणी

दोपहर के दो बज रहे थे, भूख से व्याकुल बौद्ध साधक हुआंग पो जंगल में जगह-जगह धरती खोदकर कंद की तलाश कर रहा था। तभी किसी ने चिल्लाकर पूछा—

'हुआंग पो का आश्रम कितनी दूर है?'

हुआंग पो—'क्यों पूछ रहे हो?'

अजनबी—'उस बुद्ध पुरुष का उपदेश सुनने दूर से आया हूँ।'

हुआंग पो—'वह पाखंडी है, लोगों को दिग्भ्रमित करता है।'

अजनबी—'मीलों चलकर आया हूँ, अब तो सुनकर ही जाऊँगा।'

हुआंग पो—'तब फिर मरो! आश्रम दूसरे मील पर गाँव के उत्तर में है।'

शाम को आश्रम में पो के प्रवचन के उपरांत भीड़ से निकलकर वही अजनबी पो के समक्ष आकर बोला—

'वह पो सच था‥या यह पो सच है?'

'दोनों'—पो ने जवाब दिया।

'वह भाषा भूखे की भाषा थी, यह वाणी तृप्तज्ञानी की वाणी है।'

प्रसन्नतापूर्ण व्यवहार हमारे भरे-पूरे व्यक्तित्व का परिचय ता है, जबकि झल्लाहट और खीज इस बात को प्रकट करते

हैं कि हम सामने वाले से व्यवहार रखना नहीं चाहते।

मीठे बोल के महत्त्व को रेखांकित करते हुए आचार्य महाप्रज्ञ कहते हैं—'कुछ लोग दूसरों को अपना बनाने का प्रयत्न करते हैं। कभी-कभी ऐसा होता है कि बिना प्रयत्न किए ही दूसरे अपने बन जाते हैं। अपना बनाने का प्रयत्न एक आकांक्षा है। व्यक्ति की चारित्रिक विशेषता तथा प्रसन्नचित्त व्यवहार से दूसरे सहज ही अपने बन जाते हैं। कटुवाणी तथा कटु व्यवहार का प्रयोग करने वाले प्रयत्न करने पर भी दूसरों को अपना नहीं बना सकते। मृदु वाणी और प्रसन्न व्यवहार का चुंबक लौह व्यक्तित्व को भी अपनी ओर आकृष्ट कर लेता है।'

'कागा काको धन हरै, कोयल काकौ देय?
मीठी वाणी बोल के जग अपनौ कर लेय।'

सभी को इस बात का पता है कि कौआ तथा कोयल रंग-रूप तथा आकार-प्रकार में लगभग एक समान होते हैं। लेकिन कौए को कोई पसंद नहीं करता, वह घर की मुँडेर पर आकर बैठता भी है, तो सभी उसे उड़ाने के लिए दौड़ पड़ते हैं, जबकि कोयल सभी को प्रिय होती है। लोग उसकी मीठी कूक के दीवाने होते हैं। फिल्मों के लिए उसकी आवाज को रिकार्ड करके रखा जाता है ताकि जरूरत पड़ने पर उस

आवाज के प्रयोग से अतिरिक्त प्रभाव उत्पन्न किए जा सके।

यह अंतर वाणी का अंतर है। मनुष्य जिस तरह की वाणी का व्यवहार करता है, उसी तरह के परिणाम उसे भोगने पड़ते हैं। जिस प्रकार मधुर वाणी के प्रभाव से धन तथा मित्र आदि बनते चले जाते हैं, उसी प्रकार हमें प्राप्त होने वाले सम्मान में वाणी की महत्त्वपूर्ण भूमिका है। वाणी जब अपने नकारात्मक रूप में प्रकट होती है, तो जीत हार में बदल जाया करती है। मित्रों की पंक्ति में खड़े लोग शत्रु हो जाते हैं, हमारे समस्त सुखों पर मनहूसियत तथा दुःखों के काले बादल मँडराने लगते हैं।

मधुर वचनों के प्रभाव को आँकते हुए ही तो भक्त कबीर ने कहा था—

'ऐसी वाणी बोलिए, मन का आपा खोए,
औरन को शीतल करे, आपहुं शीतल होए।'

हमारे व्यक्तित्व की छाप हमारी वाणी के माध्यम से औरों के मन–मस्तिष्क तथा हृदय पटल पर अंकित हो जाती । बहुधा प्रसन्नचित्त लोगों की वाणी दूसरों के जीवन का ल बन जाती है। दूसरे शब्दों में कहा जाए तो एक तरह मस्त कार्य व्यवहार के मूल में वाणी का प्रभाव निहित है। वाणी के बिना व्यवहार कठिन है।

सम्यक अर्थों में वाणी हमारे समूचे व्यक्तित्व तथा कृतित्व को तो अभिव्यक्त करती ही है, हमें अपनी अलग मौलिक पहचान भी प्रदान करती है। यही वजह है कि प्रिय तथा हितकारी वचनों को वाणी के तप की संज्ञा दी गई है। वाणी के तपस्वी व्यक्तियों का संपूर्ण व्यक्तित्व ताजा गुलाब की तरह महक उठता है, जिसे हर कोई पाना तथा अपनाना चाहता है। भगवान श्री कृष्ण ने गीता उपदेश के वक्त अर्जुन को इसी मधुर वाणी को अंगीकार करने का संदेश दिया था—

'अनुद्वेगकरं वाक्यं सत्यं प्रियहितं च यत्।
स्वाध्यायाभ्यसनं चैव वाङ्मयं तप उच्यते॥'

(श्रीमद्भगवद् गीता 17/15)

कटुवचनों की चोट किसी हथियार से भी अधिक घातक होती है। शस्त्र की चोट अथवा घाव तो थोड़े समय में भरा भी जा सकता है। परंतु वाणी का प्रहार मनुष्य को सदैव सालता रहता है। जो व्यक्ति हमें कटुवचन बोलता है, हम येन, केन, प्रकारेण इस ताक में रहते हैं कि कब और कैसे हम उससे उसका बदला चुकता करें। संत कबीर शब्दों की महत्ता तथा उनकी अभिव्यक्ति के प्रभाव को स्पष्ट करते हुए कहते हैं।

'शब्द सम्हारे बोलिए, शब्द के हाथ न पाँव।
एक शब्द औषधि करे, एक शब्द करे घाव॥'

सभी लोग जानते हैं कि विध्वंस एवं विनाशकारी महाभारत के युद्ध में कटुवचनों ने प्रलयंकारी भूमिका निभाई थी। राजा धृतराष्ट्र के पुत्र दुर्योधन के लिए पांडवों की पत्नी द्रौपदी द्वारा कहे गए कटुवचन 'अंधे का पुत्र अंधा' ने समूचे परिवार को तहस-नहस करके लाखों लोगों को काल के गाल में पहुँचा दिया था। यही नहीं प्रतिकार के विकृत रूप में दुर्योधन ने भरी सभा में नंगी करके द्रौपदी को अपनी जाँघ पर बैठाने का दुस्साहस भी किया था सो अलग···। कभी-कभी सहज भाव से कहे गए कटुवचन भविष्य में भारी अनिष्ट व आपत्तियों को बुला लाते हैं। कटु वचनों का इस्तेमाल वाणी का दुरुपयोग है। यथा—

'कुदरत को नापसंद है, सख्ती जुबान में
पैदा हुई न इसलिए, हड्डी जुबान में।'

कटुवचन बोलने वाला दूसरों की भावनाओं को तो आहत करता ही है, स्वयं भी शांत होने पर जब विचार करता है, तो उसे पश्चात्ताप होता है कि मैंने यह क्या किया? मुझे अमुक बात नहीं कहनी चाहिए थी।

व्यक्ति को कभी भी कोई ऐसा कृत्य नहीं करना चाहिए, जिससे उसे बाद में पश्चात्ताप की अग्नि में जलना पड़े। प्रिय वचनों से हमारा अभिप्राय जबरदस्ती किसी की 'हाँ' में 'हाँ' मिलाते रहना नहीं है। प्रिय वचनों का अर्थ चाटुकारिता अथवा खुशामद भी नहीं है।

चाटुकारिता और खुशामद सदैव स्वार्थसिद्धि के लिए की जाती है। अनेक बार वह गलत तथा झूठी भी हो सकती है। अपने मतलब की पूर्ति के लिए किसी की प्रशंसा करना वाणी का तप नहीं कहा जा सकता है। यह वास्तव में वाणी का अपमान है। अतः हमें व्यवहार करते समय इस मूलभूत अंतर का ज्ञान होना आवश्यक है।

'कीन्हें प्राकृत जन-गुन-गाना,
सिर धुनि गिर लागि पछिताना॥'

(रामचरितमानस)

वस्तुतः प्रिय वचनों का प्रयोग सत्य भाषण की एक शैली है जबकि चाटुकारिता असत्य भाषण की प्रतिकृति।

क्या बोले, कैसे बोले?

'सत्यं ब्रूयात् प्रियं ब्रूयान्न ब्रूयात् सत्यमप्रियम्।
प्रिय च नानृतं ब्रूयादेष धर्मः सनातनः॥'

(मनुस्मृति-4/138)

सदैव सत्य बोलें, प्रिय बोलें, किंतु ऐसी बात न कहें, जो सत्य तो हो पर अप्रिय हो तथा जो प्रिय तो हो परंतु असत्य हो, उसे भी न कहें, यही धर्मसंगत बात है।

वाणी के प्रकार

प्रसन्न वाणी हमारे मन-मस्तिष्क तथा स्वास्थ्य की आधारशिला है, जबकि अप्रसन्न वाणी हमारी मानसिक तथा शारीरिक व्याधियों की जन्मदात्री है। हमारे प्राचीन धर्म ग्रंथों में शास्त्र सम्मत वचनों के उपयोग को 'सम्यक योग' तथा शास्त्रों के विपरीत बोलने को वाणी का 'असम्यक योग' कहा गया है।

सम्यक योग : वाणी के सम्यक योग के अंतर्गत इस प्रकार के वचनों का प्रयोग आता है जो मधुर हों, अपना तथा दूसरों का हित करने में सहायक हों, परस्पर प्रीति तथा स्नेह का संचय करते हों। सम्यक योग ऐसी वाणी के उपयोग को वर्जित करता है, जिससे कटुता बढ़ती है, जिससे संबंध परस्पर जुड़ने के स्थान पर टूट जाते हैं, जिससे कलह पैदा होती है तथा जो शत्रुता को पैदा करती है। सम्यक योग इस सूत्र को भी स्थापित करता है कि हमें यथायोग्य परिस्थिति अनुसार तथा आवश्यकतानुसार ही बोलना चाहिए।

असम्यक योग : वाणी के असम्यक योग के अंतर्गत

इस प्रकार के वचनों का प्रयोग आता है, जो लोगों को प्रिय नहीं लगते। कटाक्ष भरी बातें, दूसरों को नीचा दिखाने की कोशिश के लिए किया जाने वाला वार्तालाप, असत्य, कटु तथा दुःख का विस्तार करने वाली बातचीत भी असम्यक योग का ही एक भाग है। इस तरह की वाणी औरों को परस्पर भिड़ाने, चुगली, वैमनस्य या बैर का भी कारण बनती है।

बहुत बार ऐसा देखा गया है कि कुछ कहना आवश्यक होने पर भी व्यक्ति चुप लगा जाता है या बेहद संक्षेप में अपना मंतव्य प्रकट करके बोलने की औपचारिकता पूर्ण कर देता है, यह भी उचित नहीं है। यह वाणी का 'अल्पयोग' कहलाता है। अल्पयोग भी अनेक तरह की समस्याओं को जन्म देता है। इसी का एक विपरीत योग यह भी होता है कि मनुष्य वाचाल हो जाता है।

□

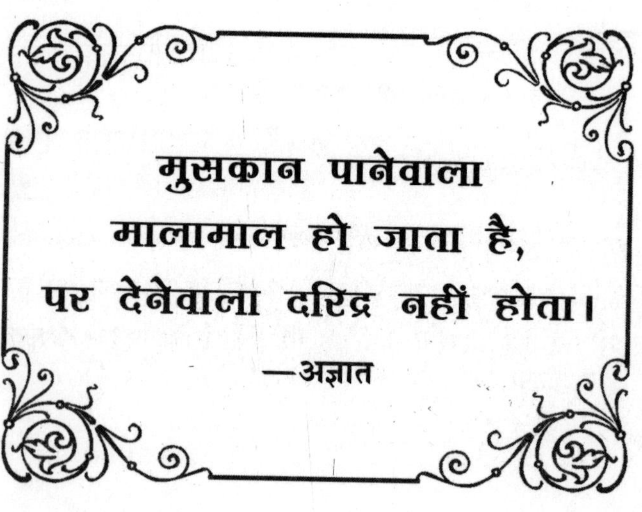

मुसकान पानेवाला
मालामाल हो जाता है,
पर देनेवाला दरिद्र नहीं होता।

—अज्ञात

3

प्रशंसा से बढ़ती है प्रसन्नता

ध्वनियों में सर्वाधिक मधुर ध्वनि है प्रशंसा की ध्वनि। यह अकेली ध्वनि है, जो हमारी प्रसन्नता में अभिवृद्धि करती है।

—रवींद्रनाथ टैगोर

प्रसन्न जीवन का तीसरा गुरु मंत्र है—प्रशंसा से बढ़ती है प्रसन्नता।

प्रशंसा के पुष्पों की सुगंध बेहद मोहक है। वे काम जो हमारे खजाने, सिफारिश तथा प्रभाव से नहीं हो पाते, प्रशंसा के दो शब्दों से सिद्ध हो जाते हैं। इस दुनिया में हर व्यक्ति का कार्य किसी दूसरे पर निर्भर है। प्रत्येक कार्य कोई भी

व्यक्ति स्वयं नहीं कर सकता। उसके लिए उसे और लोगों के स्नेह, सहयोग व सहानुभूति की आवश्यकता होती है। साथी-सहयोगियों से काम लेने के लिए उन्हें साथ लेकर चलना बेहद जरूरी है। यदि साथी-सहयोगी कार्य करने में सक्षम नहीं है, तो कार्य की गति धीमी तथा गुणवत्ता के ग्राफ में गिरावट तय है। उत्साह समाप्त होता जाता है, सो अलग।

समाज, घर, कार्यालय या बाहर हम कहीं भी और कभी भी काम कराना चाहें, तो सहयोगियों के उत्साहवर्धन के बिना अपेक्षित लक्ष्य प्राप्त नहीं हो सकता। जो लोग यह सोचते हैं कि आलोचना करके वे सामने वाले को ठीक कर लेंगे, वे गलतफहमी के शिकार हैं, और कुछ नहीं। व्यक्ति को प्रेरित व प्रशंसित करके काम लिया जा सकता है। इससे एक ओर जहाँ प्रसन्नता का वातावरण निर्मित होता है, वहीं दूसरी ओर अपेक्षित लक्ष्यों को भी प्राप्त किया जा सकना सुगम हो जाता है।

व्यक्ति सामाजिक प्राणी है। वह मशीन नहीं है। वह भावनाएँ, प्रतिक्रियाएँ तथा विवेक रखता है, उसे चाबुक से नहीं हाँका जा सकता। प्रेम से समझाया तथा प्रशंसा से प्रेरित किया जा सकता है। लज्जित करके हम कभी किसी से अपनी बात नहीं मनवा सकते। प्रसन्नचित्त व्यक्ति ही अपनी योग्यता का सर्वश्रेष्ठ दे सकता है।

प्रशंसा के इसी महत्त्व को विभिन्न विचारकों ने अपने-अपने शब्दों में यूँ अभिव्यक्त किया है—

- किसी बुद्धिमान पुरुष की प्रशंसा उसकी अनुपस्थिति में कीजिए किंतु स्त्री की प्रशंसा उसके मुख पर।

  —लोकोक्ति
- यदि तुमने मेरी कम प्रशंसा की होती, तो मैं तुम्हारी अधिक प्रशंसा करता।

  —लुई
- मैं प्रशंसा उन्मुक्त स्वर से करता हूँ, निंदा धीमे स्वर से।

  —केथरीन
- दूरी ही प्रशंसा की गहराई का मूल कारण है।

  —डाइटरॉट
- प्रशंसा श्रेष्ठ मस्तिष्क वालों के लिए सत्प्रेरणादायिनी होती है।

  —लिंकन

प्रशंसा के प्रभाव

व्यक्ति के काम की प्रशंसा करने से वह प्रोत्साहित होता है, प्रसन्न होता है। उसे लगता है कि मुझे अच्छा कार्य करना चाहिए ताकि सभी लोग मुझे सराहें। यह अच्छे नेतृत्व के

लिए भी लाभदायक तत्त्व है। प्रत्येक अच्छे काम के लिए तारीफ करने तथा गलती को सुधारने के लिए प्रेरित करने से सदैव सकारात्मक परिणाम सामने आते हैं। प्रत्येक मनुष्य में कार्य करने की अथाह ऊर्जा, शक्ति तथा सामर्थ्य होती है। इसकी तुलना में आमतौर पर परिणाम कम ही नजर आते हैं। सच तो यह है कि व्यक्ति अपनी मानसिक तथा शारीरिक क्षमता से बहुत कम कार्य करता है। प्रशंसा उसकी इन्हीं सुप्त ऊर्जाओं को जागृत करने का कार्य करती है।

समाज में ऐसे बहुत से व्यक्ति हैं, जिन्हें अपनी बहुआयामी प्रतिभा के सही उपयोग का अवसर मिलता ही नहीं। बहुत से ऐसे भी हैं, जिन्हें आधा-अधूरा अवसर मिल भी जाता है, तो वे समुचित प्रेरणा व प्रशंसा के अभाव में मंजिल से चंद कदमों के फासले पर ही थककर बैठ जाते हैं। मनोवैज्ञानिकों ने इस बात की पुष्टि की है कि न्यायसंगत अनुमोदन तथा सच्ची प्रशंसा हरेक व्यक्ति की उन्नति, भलाई तथा प्रसन्नता के लिए अत्यंत आवश्यक है। प्रत्येक मनुष्य अपने अच्छे कार्य की एवज में श्रेय की आकांक्षा पालता है। हर व्यक्ति अपने गुणों की मान्यता चाहता है। जब ऐसा नहीं होता तो हम निराश हो जाते हैं तथा अप्रसन्न रहते हैं।

अपने मालिक की डाँट सुनकर, कारीगर तथा दोस्तों द्वारा बुराई किए जाने पर इनसान की यही मनोदशा होती है। यह

अवस्था असहनीय होती है। इससे हमारे व्यवहार तथा व्यक्तित्व में कड़वाहट घुलती है। निराशा के गर्त में धँसे व्यक्ति की सोचने-समझने की शक्ति प्रतिकूल हो जाती है।

आई.ए.आर.आई. के वैज्ञानिक डॉ. विनोद शाह की आत्महत्या के समाचार से सभी स्तब्ध रह गए थे। मरने से पूर्व उन्होंने जो 'सुसाइट नोट' लिखा था, उसका मजमून इस प्रकार का था—'मेरी आत्महत्या को आत्म बलिदान समझा जाए। मैं मरना नहीं चाहता था। लेकिन इसलिए यह कदम उठाने को मजबूर हुआ हूँ कि भविष्य में वैज्ञानिकों के साथ अच्छा सुलूक हो। लोग उनकी प्रशंसा करें।'

स्पष्ट है कि डॉ. शाह एक ऐसे वैज्ञानिक थे, जो न केवल अपने लिए बल्कि अपने सहयोगियों के लिए भी मान्यता चाहते थे। प्रसन्नता से रिक्त कार्यस्थल और प्रोत्साहन से विमुक्त व्यक्तित्व ने उन्हें आत्महत्या के लिए विवश कर दिया।

प्रगति का रहस्य

विख्यात वैज्ञानिक नील्स बोर ने सोवियत संघ की विज्ञान अकादमी के भौतिक संस्थान का दौरा किया तो दोनों ओर से विज्ञान के विषयों में विचारों का स्वस्थ आदान-प्रदान हुआ। उस समय नील्स बोर दिग्गज भौतिकविद् माने जाते

थे और उनके संस्थान में उच्च श्रेणी के मेधावी वैज्ञानिकों की लंबी कतारें थीं।

उनसे यह पूछा गया, 'आपके साथ कार्यरत् सभी वैज्ञानिक उच्च श्रेणी के क्यों हैं?' बोर ने मुसकराते हुए जवाब दिया- 'इसका एक कारण तो यह है कि मैं उनके छोटे-से-छोटे प्रयास की भी भरपूर प्रशंसा करता हूँ और दूसरे मैंने उनके सामने यह स्वीकारने में कभी शर्मिंदगी अनुभव नहीं की कि मैं मूर्ख हूँ।'

जिन मनुष्यों के प्रयत्नों को मान्यता नहीं मिलती अथवा जिन्हें घर, स्कूल, कार्यालय अथवा समाज में प्रशंसा प्राप्त नहीं होती, वे दबे-दबे से रहते हैं। उनका आत्मविश्वास विकसित नहीं होता। जिंदगी की कड़वी सच्चाइयों से आँखें चार करने का हौसला उनमें पैदा नहीं हो पाता। यदि उन्हीं लोगों की आप प्रशंसा करेंगे तो आप देखेंगे कि उनकी कार्य कुशलता कितनी परिष्कृत हो गई है। यही नहीं तत्काल प्रभाव से ऐसे लोगों के जीवन में आप प्रसन्नता की पदचाप अनुभव कर सकते हैं।

'सिडनी स्मिथ' कहा करते थे-'ख्याति भी एक पारितोषिक है, जिसकी प्राप्ति के लिए मनुष्य संघर्ष करते हैं। धन-संपत्ति की अपेक्षा ख्याति उससे दोगुने परिश्रम एवं बौद्धिकता को जन्म देती है। यह प्रतिभा का सिक्का है और प्रत्येक मनुष्य

का अत्यावश्यक कर्त्तव्य है कि वह ईमानदारी एवं किफायत से इसको प्रदान करे।'

प्रशंसा का एक अनिवार्य तत्त्व यह भी है कि इसकी शुरुआत स्वयं करनी चाहिए। जैसे ही आप प्रशंसा करना प्रारंभ करते हैं, अप्रत्यक्ष रूप से आपकी प्रशंसा के बीज रोंपे जा चुके होते हैं।

हमारे दोस्त तथा प्रशंसक हमारे प्रति क्या कहते हैं, यह जानने के लिए लोग तरह-तरह की विधियाँ इस्तेमाल करते हैं—यहाँ 'बर्टन ब्रेले' की एक कविता प्रस्तुत करने योग्य है—

'यश और धन से भी बेहतर है,
टीका-टिप्पणी सुखद व उज्ज्वल।
हार्दिक और गर्मजोशी भरा एक मित्र का समर्थन,
करता आनंदित जीवन हमारा।
बनाता हमें शक्तिशाली और बहादुर,
आखिर तलक देता हमें दिल और दिलासा।
अर्जित करे यदि वह प्रशंसा तुम्हारी, दे दो उसे,
यदि चाहते उसे तुम, चाहो अभी से।
करो प्रोत्साहित उसे तुम अभी,
ठहरो नहीं अंतिम क्षण तक
जब होगा पड़ा वह कब्र में,
पढ़ेगा कैसे समाधि-लेख तुम्हारा।'

प्रशंसा करने में हमेशा शीघ्रता कीजिए और बुराई करने में विलंब। इससे आपके व्यक्तिगत जीवन, परिवार तथा कार्यस्थल पर जो परिवर्तन होंगे, उन्हें देखकर आप चकित रह जाएँगे। प्रसन्नतायुक्त जीवन की तरफ आपकी ओर से बढ़ाया गया यह पहला कारगर कदम होगा।

प्रोत्साहन ऐसा संवेग है, जिसके परिणाम बेहद आशाजनक तथा दीर्घ परिणामकारी हैं। विद्यालय जाने वाले बच्चों को अगर बार-बार ये अहसास कराया जाए कि उनमें क्षमता तथा प्रतिभा की कमी है या उन्हें रोज ताने दिए जाएँ कि 'अरे रहने दो...तुम भला इस काम को क्या खाक करोगे...?' तो वे खुद को दीन-हीन मान बैठते हैं। परंतु अगर उन्हें बताया जाए कि वे अपना काम कर सकने में सक्षम हैं तथा कोई भी विषय ऐसा नहीं है, जिसमें उन्हें मुश्किल होगी, तो वे आत्मविश्वास से उस विषय को समझने तथा उसकी गहराई तक जाने का प्रयास करेंगे।

प्रशंसा, पुरस्कार अथवा किसी और तरह से प्रतिभाशाली लोगों को प्रोत्साहित किया जा सकता है। यही माहौल कार्यालय अथवा घर में भी बनाया जा सकता है। इसका एक फायदा यह भी होगा कि संबंधित व्यक्ति स्वयं को साबित करने के लिए अपनी प्रतिभा व क्षमता का पूर्ण प्रयोग करेगा। परिणामस्वरूप कार्य की गुणवत्ता तथा मात्रा में निश्चित रूप

से वृद्धि होगी। डर या दबाव में आकर व्यक्ति काम की औपचारिकता तो पूर्ण कर सकता है लेकिन कभी भी अपना 'सर्वश्रेष्ठ' नहीं दे सकता, इसके लिए हमें प्रशंसा रूपी रामबाण का सहारा लेना होगा।

प्रोत्साहित करने का एक तरीका यह भी है कि गलतियों को अनावश्यक तूल न दें और न ही उन्हें बढ़ा-चढ़ा कर देखें। हमारी कोशिश रहनी चाहिए कि गलती को किस तरह से सुधारा जा सकता है। अगर गलती को अनावश्यक तूल दिया जाएगा, तो हो सकता है कि व्यक्ति विशेष के मन में ऐसी कोई गाँठ पड़ जाए कि वह नकारात्मक रास्ता अख्तियार कर ले। उसका आत्मविश्वास खो सकता है, वह आपको अपना शत्रु मानकर चल सकता है और मौका पड़ने पर आपको चोट भी दे सकता है।

वास्तविकता तो यह है कि गलती किसी से भी हो सकती है। सकारात्मक रवैया अपनाने पर व्यक्ति अपनी गलती से सबक लेता है। हमें अपने साथी, सहयोगी, मित्र अथवा कर्मचारी की इसी क्षमता को उभारना चाहिए। यही नहीं, जहाँ तक संभव हो, कभी किसी की अन्य से तुलना न करें। तुलना करते वक्त हमारी अवधारणा रहती है कि हम अमुक व्यक्ति को यह अहसास करा सकें कि वह भी औरों की तरह सुधरने की कोशिश करे। परंतु सामान्य रूप से

परिणाम इसके विपरीत होते हैं।

तुलना से व्यक्ति खीझता तथा क्रोधित होता है। कई बार वह हीन भावना का शिकार हो जाता है। प्रत्येक व्यक्ति अपने आप में मौलिक और विशिष्ट होता है। उसके कार्य करने का तरीका, योग्यता तथा क्षमताएँ अपनी निजी होती हैं। अत: प्रत्येक व्यक्ति को उसकी स्वयं की विशिष्टताओं के परिप्रेक्ष्य में देखने से ही हम दूसरों के दिल में अपना स्थान तो बना ही ले सकेंगे साथ-ही-साथ परस्पर प्रसन्नता का भी आदान-प्रदान होगा।

हमें यह ध्यान रखना चाहिए कि दूसरों को नीचा दिखाने या बहसबाजी करने से हम अपनी बात मनवा तो सकते हैं, लेकिन सामने वाले व्यक्ति को हमेशा के लिए खो देते हैं। प्रत्येक व्यक्ति में कुछ-न- कुछ मौलिक विशेषताएँ होती हैं। आवश्यकता उनको परख कर उनके उपयोग करने की है।

एक प्रसिद्ध चित्रकार कारेजियो केवल शोक के आवेग से ही मर गया। उसका एक चित्र डिसडेन चित्रशाला की बहुमूल्य निधि माना जाता था, लेकिन उसे उस चित्र का मूल्य केवल चालीस ड्केटस प्राप्त हुआ और इस आघात को न सह पाने के कारण ही उसकी मृत्यु हो गई।

□

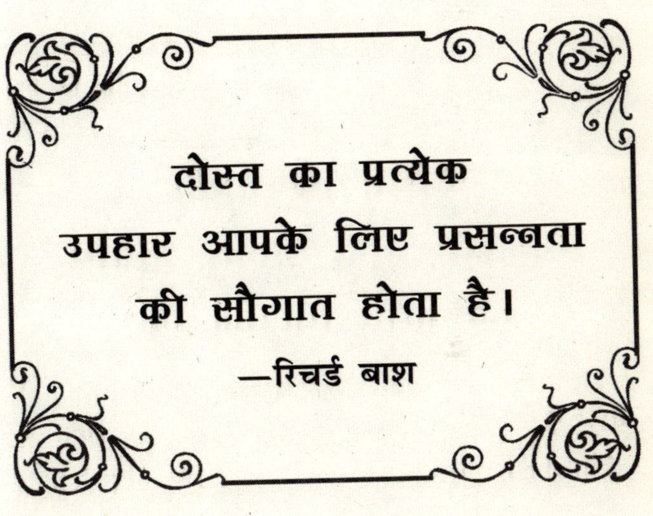

दोस्त का प्रत्येक
उपहार आपके लिए प्रसन्नता
की सौगात होता है।

—रिचर्ड बाश

4

अवसर का उपयोग

अवसर बुद्धिमान के पक्ष में लड़ता है।

—यूरीपेडीज

प्रसन्न जीवन का चौथा गुरुमंत्र है—अवसर का उपयोग। सामान्यतः आपको मौकों की दुहाई देने वाले लोग सब जगह एक ही रोना रोते हुए मिल जाएँगे, 'हमें कोई तो मौका मिला ही नहीं।' यदि ध्यानपूर्वक विचार किया जाए तो सर्वत्र ही सदा ही मौके मिलते रहते हैं। मौकों की कमी नहीं है। कमी है उन्हें ढूँढ़ने की, उनके लिए तैयार रहने की और उनसे उचित लाभ उठाने की। हम भ्रम में रहते हैं और प्रायः जो वस्तु हमारे पास आती है, वह हमें दिखाई नहीं देती।

कई बार हम अपनी चाबियों को जहाँ कहीं बैठते हैं, वहीं छोड़कर किसी विचार या कार्य में संलग्न हो जाते हैं। जब हमें ताला खोलने की आवश्यकता पड़ती है तब हम उन्हें ढूँढ़ते हैं, पर वे हमें नहीं मिलतीं। क्या चाबियों के पैर हैं, जो कहीं चली जाती हैं, वे रहती तो हमारे घर में ही हैं। परंतु विस्मृति, घबराहट या शीघ्रता के कारण हमें याद नहीं रहती। कई बार के खोजने के पश्चात् वे वहीं पर हमें प्राप्त हो जाती हैं।

ब्राजील देश के गड़रियों ने एक पार्टी इसलिए तैयार की कि कैलीफोर्निया पहुंच कर वहाँ सोने की खानों का पता लगाएँगे। समुद्री यात्रा में समय काटने के लिए वे शतरंज खेलने के विचार से कुछ चमकीले पत्थर के टुकड़े उठा लाए। उन पत्थरों में से कुछ पत्थर उन्होंने समुद्र में फेंक दिए। सेन फ्रांसिस्को पहुँचने पर उन्हें ज्ञात हुआ कि जो पत्थर के टुकड़े समुद्र में फेंक दिए गए थे, वे हीरे थे। उन्हें मालूम होने पर वे लोग ब्राजील वापस चले। परंतु वापस पहुँचने पर उन्हें ज्ञात हुआ कि जिन खानों में से वे लोग चमकीले कंकड़ उठाकर ले गए थे, उन पर दूसरे आदमियों ने अधिकार प्राप्त कर लिया और उन खानों को सरकार को बेच दिया है।

अमेरिका के एक नगर में बहुत अच्छी सोने और चाँदी की खान को उसके मालिक ने मात्र 800 पौंड में बेच दिया।

उस रुपये से वह दूसरे स्थान पर इस विचार से चला गया कि वहाँ उसे अच्छी खान मिल जाएगी।

गोलकुंडा के हीरे की खान के लिए भी यही कहा जाता है कि अली हामिद नामक एक किसान ने हीरों की तलाश में अपना खेत दूसरों के नाम बेच दिया। जो थोड़ा बहुत रुपया हाथ लगा, उससे वह देश-विदेश हीरों की खान की तलाशी में भटकता रहा। अंत में अत्यंत दुःखी होकर वह मर गया। जिस मनुष्य ने अली हामिद का खेत खरीदा था, उसे बाद में हीरे की खान उसी खेत में मिल गई।

अधिकांश आविष्कारक स्थान-स्थान पर भटकते नहीं फिरे। उन्होंने अपने आविष्कार अपने निज स्थान पर अत्यंत कम संसाधनों की सहायता से पूर्ण किए।

अवसर के मिलते ही उसे पकड़ लो। उसे हाथ से न जाने दो। उसे अधिकाधिक अपने मुताबिक बनाओ।

इसमें संदेह नहीं कि पुराने पेशे और व्यवसायों में आधुनिक स्पर्धा के कारण इतनी आसानी से अवसर नहीं मिलता, जितना पुराने समय में मिलता था। परंतु प्रगति के साथ मनुष्य की आवश्यकताएँ बढ़ती जा रही हैं और नित नये पेशे बनते जा रहे हैं। आज से 100 वर्ष पहले भारत में सिनेमा कहाँ था? उसके लिए चित्र तैयार करने के लिए यहाँ पर कौन व्यक्ति प्रयत्न करता था? आजकल लाखों स्त्री-

पुरुष इसी व्यवसाय में अरबों रुपये कमा रहे हैं। जिस व्यक्ति ने जान लिया कि संसार की आवश्यकताएँ क्या हैं, वह उन आवश्यकताओं में किसी भी आवश्कता को पूरी करने के लिए कोई नई सामग्री बना डाले और उसका प्रचार कर दे, तो वह लाभ उठा लेता है।

छोटी से छोटी चीज उपयोगी

अनेक व्यक्ति ऐसी छोटी और रद्दी वस्तुओं से लाभदायक पदार्थ बनाकर धनवान हो गए हैं, जिन्हें हजारों लोग रद्दी समझकर फेंक देते हैं और फिर उन्हें छूते भी नहीं।

फूल से मधुमक्खी शहद निकालती है, जो इतना स्वादिष्ट और लाभप्रद होता है कि उसी फूल में मकड़ी जहर इकट्ठा करती है। उसी फूल से गंधी इत्र तैयार करता है। उसी फूल से केमिस्ट सेंट बनाता है। मुख्य वस्तु फूल ही रहा। परंतु वह काम में चार तरह से लिया गया।

चमड़े के टुकड़े, रद्दी, कपास, लकड़ी का बुरादा, लोहे का बुरादा, कागज की रद्दी सब निकम्मी समझकर फेंक दी जाती हैं। परंतु लोग इनसे भी कई तरह की चीजें बना लेते हैं। कागज पर लिखने की पेंसिल को देखिए, वह लकड़ी का छोटा सा टुकड़ा है और उसके अंदर शीशे और सुरमे के मिश्रण से बनाई हुई एक सलाई है। यही पेंसिल हजारों

रुपये की बिकती हैं। हजारों लोग इसके बनाने और बेचने से अपना निर्वाह कर रहे हैं। कागज के रद्दी टुकड़ों से गदापार्चा बनाया जाता है। उससे कंघे आदि बनाए जाते हैं। गाय, भैंस के सींग भी सुंदर वस्तुओं में प्रयोग किए जाते हैं। क्या ये वस्तुएँ हमें घर-घर और गाँव-गाँव में नहीं मिलती? धन कमाने में क्या ये वस्तुएँ हमें काम नहीं दे सकतीं? क्या उन्नति के लिए ऐसी तुच्छ वस्तुएँ हमारे लिए लाभ के अवसर नहीं हैं?

एक नाई के दिल में यह विचार उत्पन्न हुआ कि सिर के बाल काटने में बहुत समय लगता है। इसलिए कुछ ऐसा उपाय करना चाहिए कि जिससे कम समय लगे। इसी विचार की उधेड़बुन में उसने बाल काटने की एक मशीन बना डाली। इसी आविष्कार से उसने अपनी उन्नति की। क्या दूसरे नाइयों को मशीन बनाने का अवसर न था, या जो बाल काटने में समय लगता था उसका विचार नहीं था? अवसर तो सभी जगह है और सभी को है। परंतु कमी विचार को क्रियान्वित करने वालों की है। किसी कवि ने क्या खूब कहा है—जिन खोजा तिन पाइयाँ गहरे पानी पैठ। इसे यूँ भी कहा जा सकता है कि आवश्यकता आविष्कार की जननी है।

अवसर को लपकिए

फैराडे एक महान वैज्ञानिक हुए हैं। वे जाति के लुहार थे। रॉयल इंस्टीट्यूशन के अध्यक्ष हम्फ्री डेवी नामक विद्वान के विज्ञान पर जो व्याख्यान हुआ करते थे, उसको सुनने के लिए फैराडे जाया करते थे। फैराडे ने कुछ दिन बाद अध्यक्ष से नौकरी की प्रार्थना की। अध्यक्ष ने अपने किसी मित्र से इस विषय में पूछा तो उसने अनुमति दी कि बोतलें धोने के लिए फैराडे को रख लिया जाए। यदि वह काम करने वाला व्यक्ति है, तब तो वह इस काम को कभी अस्वीकार नहीं करेगा। यदि अस्वीकार कर दे तो समझ लो कि निकम्मा है।

परंतु फैराडे, जो एक पंसारी की दुकान पर बैठकर साधारण शीशियों से विज्ञान के प्रयोग किया करता था, कब इनकार करने वाला था? उसने बोतल धोने के कार्य को विज्ञान की उन्नति करने का अवसर समझ कर स्वीकार कर लिया। परिणाम यह हुआ कि आगे चलकर उसी विद्यालय में फैराडे विज्ञान के प्रोफेसर नियुक्त हुए। वे आज तक वैज्ञानिकों में अग्रणी समझे जाते हैं।

एक आदमी जीवन में बड़ी बात करने के लिए महान अवसर ढूँढ़ता हुआ चला जाता है। किंतु उसे अवसर नहीं मिलता। दूसरा आदमी उसके पीछे–पीछे उसी की छोड़ी हुई व्यवस्थाओं और अवसरों में कुछ ऐसी बात निकाल लेता है,

जिससे उसे अद्भुत सफलता प्राप्त हो जाती है।

न्यूटन, फैराडे, एडीसन और टामसन की तरह हम सब लोग नये आविष्कार नहीं कर सकते। परंतु साधारण अवसरों को पकड़कर उनसे हम अपनी उन्नति कर सकते हैं। हमें यह नहीं सोचना चाहिए कि संसार में जितनी नवीन बातें, नये आविष्कार होने थे, हो चुके। भविष्य के गर्भ में न मालूम कितने आविष्कार और सत्य छिपे हुए हैं जो सदैव उन परिश्रमी और बुद्धिमान व्यक्तियों को ज्ञात होते रहेंगे, जो हम से आगे आने वाले हैं।

बहुत संभव है कि ऐसे-ऐसे अनेकानेक आविष्कार हों, जिनके सामने मनुष्य के अब तक किए हुए आविष्कार नितांत फीके प्रतीत हों। भविष्य में न जाने हमारे लिए कितने अवसर छिपे हुए हैं। जहाँ कोई अवसर हमें मिल जाए, उसी को अपना लेना कर्तव्य है।

छोटे का महत्त्व

छोटी-से-छोटी वस्तु कम महत्त्व नहीं रखती। बूँद-बूँद से घट नहीं भरता अपितु नदियाँ बह जाती हैं और समुद्र भर जाता है। विशाल वृक्ष को काटने के लिए हम सबके पास कोई मशीन नहीं होती। मनुष्य छोटी सी कुल्हाड़ी का एक प्रहार कर बड़े से बड़े वृक्ष को पृथ्वी पर गिरा देता है।

एक-एक क्षण मिलकर घंटा बनता है। घंटे मिलकर दिन, दिनों से महीना और महीनों से वर्ष बन जाता है। बड़े-बड़े अवसर उन्नति करने के लिए हमें न मिलें तो क्या हुआ? छोटे-छोटे अवसर और छोटे-छोटे कार्य हमारी बहुत कुछ उन्नति कर सकते हैं। हमारी यह तुच्छता है कि हमें तुच्छ वस्तुओं में महत्त्व नहीं दिखता। छोटी वस्तुओं की जो मनुष्य परवाह नहीं करता, वह धीरे-धीरे नीचे चला जाता है। एकदम अपार धन का प्राप्त कर लेना या एकदम किसी बड़े पद पर पहुँच जाना उन्नति का नियम नहीं। आकस्मिक अवसर से ऐसी उन्नति बहुत कम मनुष्यों को प्राप्त होती है। यदि हम छोटी-छोटी वस्तुओं को छोटा समझकर छेड़ते जाएँ और छोटे-छोटे अवसरों को उन्नति का द्वार न समझ कर हाथ से जानें दें तो फिर हमारी उन्नति नहीं होगी।

लघुता के महत्त्व को प्रतिपादित करते हुए कहा गया है कि—

'तू छोटा बन, बस छोटा बन,
गागर में आएगा, सागर।

पत्र-व्यवहार में एक छोटे से शब्द के प्रयोग से हम मित्र को शत्रु बना लेते हैं। क्षमा या कृपापूर्वक कहे गए शब्दों के प्रयोग से हम शत्रु को मित्र बना लेते हैं। चोर को खोज निकालने में जो दक्ष होते हैं, वे लोग चोर और चोरी को पकड़

लेते हैं। पानी के बड़े भारी बाँध में कहीं जरा भी छिद्र हो जाए और असावधानी से रोका न जाए तो वह सब बाँध को नष्ट कर देता है। छोटे-छोटे इशारों, संकेतों से आविष्कारकों ने अद्‌भुत पदार्थ और अद्‌भुत शक्तियाँ ढूँढ़ निकालीं और नई चीजें बना डालीं। इतिहास उसका गवाह है।

एक बार रोम नगर पर जब शत्रु लोगों का आक्रमण होनेवाला था, उस समय पहरेदार सो रहे थे। पर शत्रुओं को आते देख एक बत्तख चिल्ला उठी जिसकी चीख सुनकर सिपाही जाग उठे और रोम नगर शत्रुओं के आक्रमण से बच गया। जब पशु-पक्षियों का भी योगदान हो सकता है, तब तो हम ईश्वर की सर्वश्रेष्ठ कृति हैं, हमारा योगदान क्यों नहीं हो सकता?

ध्यान रखिए असावधानी से गिरी हुई दियासलाई या सिगरेट पूरे जंगल को भस्म कर देती है।

छोटी वस्तुओं से बड़े पदार्थ किस प्रकार बन गए, छोटे-छोटे संकेतों से बड़े-बड़े आविष्कार किस तरह हो गए? एक छोटे से कुवाक्य से किस प्रकार घोर संग्राम छिड़ गए? एक छोटे से शब्द से बड़ी कलह किस प्रकार शांत हो गई? यदि इस सबके उदाहरण लिखे जाएँ तो एक बहुत बड़ी पुस्तक तैयार हो जाएगी। द्रौपदी द्वारा दुर्योधन को 'अंधे का बेटा भी अंधा' शब्द कह देने का यह परिणाम हुआ कि महाभारत

छिड़ गया और असंख्य लोगों को अपने प्राण गँवाने पड़े।

सारांश यह है कि बीज से वृक्ष और बच्चे से बूढ़ा होता है और यह बस एक दिन में नहीं होता है।

धीरे-धीरे रे मना धीरे सब कुछ होय,
माली सींचे सौ घड़ा, ऋतु आए फल होय।

प्रतिदिन के लघु परंतु अच्छे कार्यों से ही जीवन में उन्नति और सफलता मिलती है और छोटे-छोटे बुरे कार्यों से अपकीर्ति और अवनति हो जाती है। प्रायः छोटी-छोटी बातें और छोटी-छोटी वस्तुएँ महाव्यक्ति के हाथ से बड़ी बन जाती हैं। आप छोटी-छोटी बातों का ध्यान रखिए, बड़ी बातें अपना ध्यान खुद रख लेंगी।

अवसर और उद्यम

प्रत्येक मनुष्य अपने अवसर और उद्यम के अनुसार जैसा चाहता है, अपने आपको बना सकता है। वर्षों पहले एक युवक जो मशीन का कार्य किया करता था, क्लाइड नदी में नहाने के लिए उतर गया। वह तैरता-तैरता एक किनारे से दूसरे किनारे पर जा पहुँचा। दूसरा भाग उसको बहुत सुंदर प्रतीत हुआ। उस समय वहाँ खाली मैदान था। उस रमणीय स्थान को देखते ही उसने दृढ़ विचार कर लिया कि उसी

स्थान पर एक सुंदर कोठी का निर्माण करेगा जो उसकी पत्नी के नाम पर होगी। वर्षों के पश्चात् उसने अपने विचार को कार्यरूप में परिणत कर दिखाया। वहाँ पर बाग भी बन गया और एक अच्छा प्रासाद भी बन गया। लोग उसके मेहमान बनकर वहाँ आने लगे और दावतें भी खाने लगे। वह बाग और मकान पृथ्वी तल पर बनने से पहले उसके मस्तिष्क पटल पर इच्छाशक्ति की स्याही से बन चुके थे और इसीलिए एक दिन वे स्थूल रूप में भी बन गए।

याद रखिए, पहले विचार पनपता है, फिर परिणाम।

अमेरिका के इतिहास में अब्राहम लिंकन का जीवन चरित्र स्वर्णाक्षरों में अंकित है। उनका जन्म निर्धनता में हुआ था। कर्ज से उनके माँ-बाप दबे हुए थे। हल्लड़शाही में उनका बचपन गुजरा। गँवारों में उनका सहवास रहा। राजनीतिक आंदोलन ने उस समय कई रंग दिखालाए। परंतु स्वतंत्रता और एकता की बाँसुरी बजाते हुए उन्होंने अपने मंतव्य को प्राप्त कर लिया। कठिनता, हीनता, दीनता, प्रतिघात सब में से होकर वे अपनी दृढ़ इच्छाशक्ति के बल पर निकल गए और एक दिन अमेरिका के राष्ट्रपति बने।

जब उनके मित्रों ने उनको प्रथम बार नियम स्थापक परिषद् के लिए नामांकित किया, तब उनके शत्रुओं ने उनका बड़ा मजाक उड़ाया था। जब वे अपने चुनाव के लिए वक्तव्य

देने जाते तब अपने मोटे-फटे वस्त्र पहन कर जाया करते थे। वास्तव में उनके पास अपने चरित्र और कतिपय मित्रों के अलावा था ही क्या? जब उनको उनके मित्रों ने कानून सीखने के लिए कहा तो वकील बनने के खयालों से वे बहुत हँसे और कहने लगे कि वकालत के लायक उनका दिमाग है ही नहीं।

वे पेड़ों की छाया में बैठकर नंगे पाँव कानून पढ़ा करते थे और जहाँ काम करते थे, बहुधा वहीं सो लेते थे। नियम स्थापक सभा में जाने के लिए उन्हें एक सूट खरीदना पड़ा था और किराया पास न होने के कारण 100 मील पैदल जाना पड़ा था। जब वे नियम स्थापक सभा में थे, तो स्प्रिंगफील्ड के एक प्रख्यात वकील जॉन स्टुवाड ने उनसे कहा कि प्ले नामक वकील की तो उनसे भी बुरी दशा थी। यहाँ तक कि उन्होंने अपनी पढ़ाई भी एक ऐसी पाठशाला में की थी, जिसमें खिड़की और किवाड़ तक नहीं थे।

जॉन स्टुवाड की बात सुनकर लिंकन ने कानून की पढ़ाई की। फिर पढ़ा, तो ऐसे पढ़ा कि उस विषय में वे विशेषज्ञ हो गए।

सर पुरोहित गोपीनाथ ने एक अत्यंत गरीब घर में जन्म लिया था। वे जयपुर के महाराजा स्कूल में पढ़ने लगे। उस समय जयपुर में अंग्रेजी भाषा को जानने वाले भी बहुत कम

थे और वैसे भी पुरोहित जैसे एक साधारण दीन बालक को पढ़ाने की कौन ध्यान देता है? छोटी कक्षाओं की पढ़ाई तो पुरोहित जी ने जैसे-तैसे समाप्त की। परंतु अब बड़े स्कूल की पुस्तकें खरीदना भी इनके लिए दुःसाध्य हो गया। परंतु दृढ़ इच्छाशक्ति इनको उच्च शिक्षा की ओर धकेले लिए जा रही थी। कुछ किताबें तो इन्होंने इधर-उधर से माँग लीं और कुछ किताबों की अपने हाथ से नकल कर डाली तथा सड़क पर लगी गैस की बत्तियों की रोशनी से पढ़ते-पढ़ते बी.ए. की परीक्षा जयपुर में ही पास कर ली। फिर ये सरकार से स्कॉलरशिप पाने लगे और 4 वर्ष में कलकत्ता (कोलकाता) विश्वविद्यालय से एम.ए. कर लिया। कुछ समय पश्चात् उन्हें सरकारी नौकरी मिल गई। बढ़ते-बढ़ते वे सन् 1920 में जयपुर के मोहकमा खास के सदस्य हो गए।

□

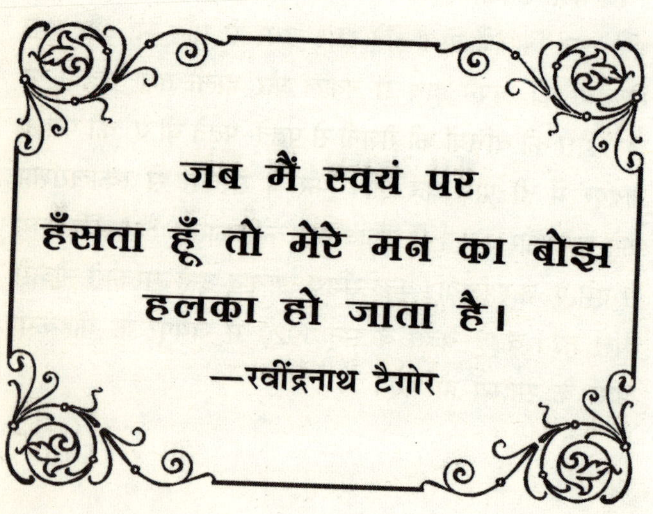

**जब मैं स्वयं पर
हँसता हूँ तो मेरे मन का बोझ
हलका हो जाता है।**

—रवींद्रनाथ टैगोर

5

गलतियों से सीखिए

हम प्रायः दूसरे के गुणों की अपेक्षा उसकी गलतियों से अधिक सीख लेते हैं।

—लांगफेलो

प्रसन्न जीवन का पाँचवाँ गुरु मंत्र है—गलतियों से सीखिए। गलतियाँ करना मनुष्य का स्वभाव है, परंतु जो इन गलतियों से सबक नहीं लेता, वह कभी सफल नहीं होता। हम यह नहीं देखते कि भाग्य ने तो हमारा बहुत साथ दिया पर हम अपनी गलतियों से बाज नहीं आए। इसलिए हम उन्नति नहीं कर सके और यदि उन्नति कर भी गए तो ठीक जगह तक न पहुँच कर लुढ़क गए। एक दिवाला निकलने

वाले व्यापारी के पास जाकर पूछिए कि उसने कितनी बुरी तरह से सौदे किए— व्यर्थ व्यय किया, विवेक से काम नहीं लिया। वह आरंभ में तो यही कहेगा कि उसके दुर्भाग्य से उसकी यह अवनति हुई, परंतु जब आप उससे जिरह करेंगे तो वह स्वयं ही अपने दोषों को स्वीकार करता जाएगा। इसी प्रकार जेलखाने में जाकर एक खूनी से मिलिए। जो किसी मनुष्य के खून से अपने हाथ रँगने के कारण आजीवन कारावास का दंड पा रहा हो तो वह भी अपने भाग्य को ही कोसने लग जाएगा। वह अपने अंतःकरण को यही कह कर संतोष करेगा कि कुछ परिस्थिति ही ऐसी उपस्थित हो गई थी कि उसकी हत्या करनी पड़ी।

किसी साधारण से व्यक्ति, कम वेतन पाने वाले कर्मचारी या फिर थोड़ी पूँजी से दुकान चलाने वाले व्यापारी से पूछिए, तो वे अपने मंद भाग्य की शिकायतें करेंगे। इसमें संदेह नहीं है कि भाग्य जीवन का एक अंग है। परंतु वह अंग ऐसा नहीं है कि उसके सहारे ही बैठे रहें और अपनी गलतियों को इस बहाने से ढक दें।

प्रतिभा का सम्मान

फ्रांस की राजधानी हुल्लड़बाजों के हाथ में पड़ गई। अधिकारी वर्ग घबरा गया। किंकर्त्तव्यविमूढ़ हो गया। उस

समय एक व्यक्ति ने कहा, "मैं एक युवक ऑफिसर को जानता हूँ, जिसमें शांति स्थापित करने की योग्यता और साहस है, उसको बुलाइए, बस उसी को बुलाइए।"

यह बात एक ने नहीं किंतु अनेक ने कही। उसी समय नेपोलियन को शीघ्र बुलाया गया। उसने आते ही हुल्लड़बाजों का दमन किया और अधिकारियों पर भी प्रभुत्व प्राप्त किया। उसने शनैः-शनैः फ्रांस पर भी अपना अधिकार जमा लिया। इतना ही नहीं समस्त यूरोप पर विजय पताका फहरा दी। नेपोलियन का जीवन चरित्र समस्त संसार के स्त्री-पुरुषों के लिए आदर्श है। हम कमजोर, आशाहीन, चिंताग्रस्त, असफल मनुष्यों के लिए उसका जीवन चरित्र अनुकरणीय है।

जीवन की सफलता अधिकांश में इच्छा पर ही निर्भर है और जो भी कोई भी इसे कमजोर बनाता है या रोकता है, वही सफलता के प्रतिशत को कम करता है। इसलिए इच्छाशक्ति का विकास करना आवश्यक है।

भर्तृहरि महाराज के शब्दों में—

उद्योग नं पुरुड्षसिंहमुपैतिलक्ष्मी
दैवेन देविमितिकापुरषाः वंदति
देवं निहत्य कुरु पौरुषमात्मशक्तया,
यत्नेकृते यदि न सिद्धयदि को ड्त्रदोष।

(लक्ष्मी ऐसे उद्यमी पुरुष को, जो अपने बल के कारण मनुष्यों में सिंह की तरह होता है, प्राप्त होती है। कायर पुरुष कहते हैं कि जो भाग्य में लिखा है, वही प्राप्त होगा, जबकि भाग्य के भरोसे रहना छोड़कर पौरुष करना चाहिए। यदि फिर भी सफलता न मिले तो हमें यह विचार करना चाहिए कि ऐसी कौन सी वजह है जिससे सफलता में रुकावट पैदा हुई। परिश्रम किए बिना भाग्य पर ही दोष लगाकर चुप बैठ जाना अनुचित है।)

दृढ़ इच्छाशक्ति

हम चाहे जैसी दीन-हीन अवस्था में हों और चाहें जैसी रुकावटें हमारे मार्ग में हों, हमें दृढ़ इच्छाशक्ति से मार्ग खोजे बिना और उस पर चले बिना हताश होकर नहीं बैठना चाहिए। रुकावट आएगी तो क्या होगा? घड़ी भर, 2 दिन, 4 दिन, 2 महीने, वर्ष भर इंतजार कर लेंगे, आराम कर लेंगे और फिर रुकावट को दूर करेंगे। रुकावट एकदम नहीं हटेगी तो न हटे, उसको धीरे-धीरे हटाएँगे, परंतु अपना लक्ष्य नहीं छोड़ेंगे।

लोग थोड़े उद्यम से ही बड़े पदों पर पहुँच गए। यह जानकर कि कुछ लोग जन्म ही से मालदार हैं। इसलिए उनको हर प्रकार की सुविधा प्राप्त हो जाती है, यह जानकर कि कुछ लोग सिफारिश के जोर से, अपने संपर्कों के जोर से

हमसे कम योग्यता और कम हौसला रखते हुए भी हमसे आगे बढ़ गए, हमें अपने निर्दिष्ट मार्ग से विमुख नहीं होना चाहिए।

कठिनाई का सामना करते हुए जो अपना मार्ग खुद ही बनाकर निर्दिष्ट स्थान को प्राप्त होते हैं, वही प्रशंसा प्राप्त करते हैं। सिफारिश, दौलत या बेईमानी आदि अनुचित उपायों से जो आगे बढ़ जाते हैं, उन्हें एक दिन गिरना ही पड़ता है। घृणित कार्यों से हम उन्नति कर भी जाएँ तो क्या वह उन्नति सर्वग्राह्य है? क्या वह उन्नति स्थायी है? कदापि नहीं। भाग्यश्री उन्हीं लोगों को चुनती है जो अपनी आस्तीन चढ़ा कर कार्य करने के लिए सदा तत्पर रहते हैं। जो न धूप से परेशान होते हैं, न सर्दी से काँप उठते हैं, न परिश्रम से डरते, न सदा आलस्य से भरे रहते हैं।

भाग्य की कुंजी का नाम परिश्रम है। इच्छाशक्ति, वीरता, साहस, उद्यम ऐसे गुण हैं जिनसे शत्रु डर जाते हैं और हमारे पास मार्ग में रुकावट डालते-डालते परेशान हो उठते हैं।

जो पर्वत हमें दूर से बड़े-बड़े दिखाई देते हैं जब हम पास पहुँचते हैं, तो उनमें भी हमें अनेक मार्ग दृष्टिगत होने लगते हैं और जब हम उस मार्ग पर होकर जाते हैं, तो हमें शंका होती है कि क्या यही मार्ग पर्वत पर था जो दूर से इतना ऊँचा दिखाई दे रहा था। पर्वत की ऊँचाई जितनी थी

उतनी ही रही। उसमें किसी प्रकार का परिवर्तन नहीं हुआ, जो कुछ परिवर्तन हुआ वह केवल हमारे विचार में हुआ। जब तक हम ऊँचाई से डरते रहे, हमें मार्ग काटना दुस्साध्य हो रहा था। परंतु जब हमने दृढ़ इच्छा कर ली तो वही मार्ग हमारे लिए सुगम हो गया और हम पर्वत के पार हो गए।

सफलता का इच्छाशक्ति पर और इच्छाशक्ति का सफलता पर बड़ा प्रभाव पड़ता है। जैसे-जैसे सफलता प्राप्त होती है, इच्छाशक्ति भी उतनी ही बढ़ती जाती है और जैसे-जैसे इच्छाशक्ति दृढ़ से दृढ़त्तर होती जाती है वैसे-वैसे सफलता सुगम होती जाती है। ऐसा कहना अनुचित न होगा कि सफलता और इच्छाशक्ति आपस में एक-दूसरे की पूरक हैं। यदि कोई मनुष्य किसी कार्य प्रणाली के अनुसार कार्य करने के लिए पक्का विचार कर ले, तो वह दाईं या बाईं तरफ मार्ग में नहीं घूमेगा, चाहे उस राह में कितने ही प्रलोभन क्यों न ललचाएँ। वह व्यक्ति अपने लक्ष्य पर सदैव नजर रखेगा।

पूरी दुनिया का इतिहास ऐसे उदाहरणों से भरा पड़ा है, जिसमें मनुष्य अपने फौलादी विचार के कारण निंदा, दीनता और दुर्दशा से बचे हैं। कई मनुष्य युवावस्था में सुनहरी आशाओं को लिए हुए संसार के कार्यक्षेत्र में उतरते हैं। परंतु उन्हें सफलता नहीं मिलती। यदि उनके जीवन को टटोला जाए तो उनकी हार का कारण यही मिलेगा कि उनमें

इच्छाशक्ति की कमी थी। इच्छाशक्ति के बिना मनुष्य अपना जौहर (चमत्कार) नहीं दिखा सकता।

इच्छाशक्ति के अभाव में मनुष्य एक ऐसा इंजन है, जिसमें वाष्प नहीं है। वह इंजन ऊपर से संपूर्ण और सर्वांग सुंदर प्रतीत होता है। परंतु जब तक उसमें वाष्प नहीं है तब तक वह बेकार है। इच्छाशक्ति ही सफलता की कसौटी है। जीवन पथ को आलोकित करने वाली ऊर्जा है।

जिंदगी का नियम

इस दुनिया में मनुष्य ईश्वर की सर्वोत्कृष्ट कृति है। अतः निकृष्ट कार्यों में लिप्तता समूचे मानवीय गौरव पर कालिख पोतने जैसा है। वस्तुतः जीवन शब्द में ऐसी ऊर्जा है, जिससे मनुष्य को अपने लक्ष्य के प्रति समर्पित रहने का अनवरत संदेश मिलता रहता है। जीवन गतिमय है, जिसमें गति नहीं, वह जीवन नहीं। जीवन का एक अर्थ जल भी होता है। इसलिए जीवन को जलधारा की भी संज्ञा दी गई है।

नदी की निर्बाध धारा विशालतम पाषाण खंडों को रौंदती, कुचलती, टकराती पृथ्वी की गोद में अखेलियाँ करती, झाड़-झंखाड़ को मार्ग से दूर हटाती, आगे बढ़ती जाती है। यही सिद्धांत मानव जीवन पर भी लागू होता है। जो व्यक्ति नित्य गति के मंत्र को पहचान लेता है, वही सच्चे अर्थों में जीवन

का आनंद प्राप्त करता है। आत्मज्ञान की महिमा को इसलिए अंगीकार किया गया है तभी तो संत कबीर भी कहते हैं—

'साखी सब्दै गावत भूले,
आतम खबर न जाना।'

महाकवि सुमित्रानंदन पंत कहते हैं—

'अस्थिर है जग का सुख-दुःख,
जीवन ही नित्य चिरंतन।'

जिस जिंदगी के पन्ने उद्यम, साहस और धैर्य की रोशनी से नहीं लिखे गए वह अधूरा है। जहाँ विवेक का मंत्र नहीं, वह जीव सुखी नहीं, कर्मयोगी मनुष्य ही जीवन के आदर्श होते हैं। कर्मठता ही हमारे जीवन का पर्याय है। कर्मयोगी मनुष्य के हृदय में आशा, उत्साह तथा परिश्रम की ऐसी मनोमुग्धकारी त्रिवेणी की जल रश्मियाँ बहती हैं, जिनमें अवगाहन करके मनुष्य का रोम-रोम पुलकित हो झूम उठता है।

मैथिलीशरण गुप्त की पंक्तियाँ इस तथ्य को उजागर करती हैं—

'करके विधिवाद न खेद करो
निज लक्ष्य निरंतर भेद करो।

बनता बस उद्यम ही विधि है
मिलती जिससे सुख की निधि है
समझो धिक निष्क्रिय जीवन को,
नर हो न निराश करो मन को।'

निराशा को जीतिए

हमारे जीवन में खुशी और निराशा एक ही सिक्के के दो पहलू हैं। कभी-कभी हमें अकारण ही मानसिक उदासी तथा निराशा के दौर से दो-चार होना पड़ता है। उदासी व निराशा जीवन के प्रतीक नहीं हैं, इन्हें दूर भगाइए। इन पर विजय प्राप्त करके जीवन को उसके वास्तविक लक्ष्य प्रसन्नता तथा उपलब्धियों की तरफ अग्रसर कीजिए।

जब किसी भी कार्य में हम असफल हो जाते हैं, तो स्वाभाविक रूप से निराशा हमें आ दबोचती है। निराशा के अतिरेक की लहरें हमारे जीवन के उत्साह को बहा ले जाती हैं। कई बार इस तरह की त्रासदियाँ एक ओर जहाँ हमें अकर्मण्य बनाकर हमारे लिए दुःखों का जाल बुन देती हैं, वहीं दूसरी ओर जीवन से पलायन, आत्महत्या जैसे विचारों को जन्म देती हैं। निराशा की छाँव में खड़ा व्यक्ति मृत्यु की प्रतीक्षा करता है।

जिंदगी : महकता गुलाब

जिंदगी एक खूबसूरत गुलाब है। इसे प्राप्त करनेवाले को काँटों को भी निभाना ही पड़ेगा क्योंकि कवि मिल्टन के शब्दों में 'काँटों रहित गुलाब अभी तक विकसित नहीं किए जा सके।'

दीपावली का पावन पर्व अमावस्या की स्याह अँधेरी रात में ही मनाया जाता है जो हमें इस बात की प्रेरणा देता है कि निराशा भरी अँधेरी रात में आशाओं के दीप जलाकर ही हम प्रकाश के आगमन का पथ प्रशस्त कर सकते हैं।

कहा भी गया है—

'रात लंबी है मगर तारों भरी है
हर दिशा का दीप पलकों ने जलाया
साँस छोटी है मगर आशा बड़ी है,
जिंदगी ने मौत पर पहरा बैठाया।'

अतः निराशा जीवन के लिए एक अभिशाप से कम नहीं। सुखों के स्वप्न बुनने वालों को निराशा की निद्रा से जगाना जरूरी है।

बिना लड़े मत हारिए

बहुत से लोग जीवन संग्राम में जूझने से पूर्व ही हथियार डाल देते हैं। ऐसे लोग घोर निराशावादी होते हैं। वे खेलने

से पूर्व ही हार जाते हैं। सुकरात कहा करते थे- निराशा जब चरम सीमा पर पहुँच जाती है, तब हमारी जीभ बंद हो जाती है। जो अपनी सामर्थ्य तथा क्षमता प्रदर्शित करने से पूर्व ही अपने को पराजित महसूस कर लेते हैं, उन्हें दुनिया की कोई भी ताकत विजयी नहीं बना सकती।

ऐसे व्यक्तियों को ध्यान में रखते हुए ही यह कविता लिखी गई है—

'If you think, you are beaten you are.
If you think you can't, you don't
If you wish to win, but you think you can't
It is almost certain you won't
If you think, you will lose, you are lost.
You have got to be sure of yourself.
Before you can ever win a prize.
Life's battles don't always go
To the stronger or the faster man
But sooner or later he who wins
Is the man who thinks, he can.'

अर्थात् यदि तुम सोचते हो कि मैं पराजित हो जाऊँगा, तो तुम पराजित हो गए हो। यदि तुम सोचते हो कि यह काम

मेरे वश में नहीं है, तो तुम इस काम को करने का साहस कभी नहीं जुटा पाओगे। यदि तुम सोचते हो कि मैं जीतने के लिए जी तो रहा हूँ परंतु जीत नहीं सकता तो तुम कदापि विजय हासिल नहीं कर पाओगे। यदि तुम सोचते हो कि मैं हार जाऊँगा, तो तुम हार चुके हो। कोई भी इनाम जीतने के लिए हमें पहले इसकी प्राप्ति मन में सुनिश्चित करनी होती है। जिंदगी एक ऐसी जंग है जिसमें अधिक बलवान अथवा अधिक ध्रुवगामी ही सदैव विजयी नहीं होता। देर-सवेर वही व्यक्ति विजयी होता है, जो यह सोच लेता है कि मुझे जीतना ही है। उन्हीं लोगों की तकदीर बदलती है, जो यह सोचते हैं कि वह बदलनी चाहिए।

□

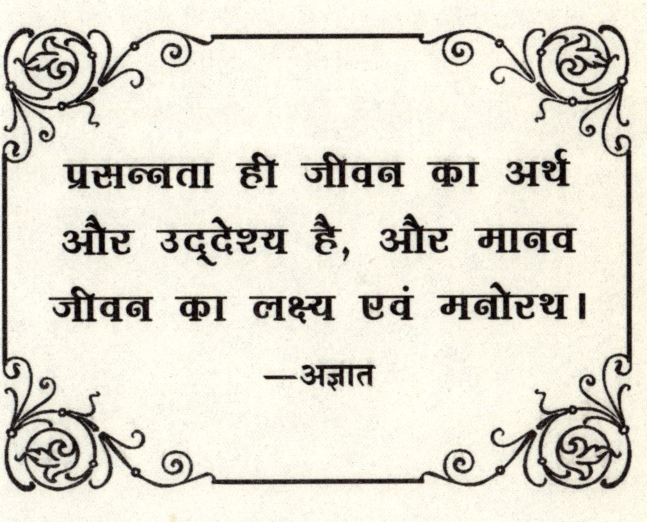
प्रसन्नता ही जीवन का अर्थ और उद्देश्य है, और मानव जीवन का लक्ष्य एवं मनोरथ।

—अज्ञात

6

प्रसन्नता को संजीवनी समझें

अगर आप एक साल के लिए खुशी चाहते हैं तो विपुल ऐश्वर्य प्राप्त कीजिए, लेकिन अगर आप जीवन भर के लिए खुशी चाहते हैं तो किसी की मदद कीजिए।

—चीनी कहावत

प्रसन्नता जीवन का छठा गुरुमंत्र है—प्रसन्नता को संजीवनी समझें। जो व्यक्ति हर कार्य को प्रसन्नतापूर्वक करता है, वह संजीवनी की ऊर्जा से भरा रहता है। उसके पास दुःखी रहने के लिए वक्त नहीं होता। इसलिए जो भी कार्य करें, उसमें प्रसन्नता ढूँढ़े।

आत्मा परमात्मा का अंश है। यही वजह है कि आत्मा के दुःखी होने पर परमात्मा भी दुःखी हो जाता है। जब कार्य पूरी निष्ठा, प्रसन्नता और लगन के साथ किया जाता है तो प्रभु का आशीष प्राप्त होता है एवं सफलता अवश्य मिलती है। किसी ने ठीक ही कहा है, 'जो खुद की मदद करता है, भगवान् उसकी मदद करता है।'

प्रभु प्रसन्न होते हैं अच्छे आचरण से

एक बार नारद मुनि ने भगवान् विष्णु से कहा, "मैं दिन भर आपके नाम का जप करता हूँ, मेरे जैसा आपका भक्त इस संसार में कोई दूसरा हो ही नहीं सकता।" भगवान् मुसकराकर बोले, "नारद, उस गरीब किसान को देखा, जो दिन भर खेत में हल चलाता है। गाय-ढोरों की सेवा करता है। जब खाली समय मिलता है तो मेरा स्मरण करता है, वही मेरा अनन्य भक्त है।" सच्चे मन से प्रभु का स्मरण ही पूजा है। अच्छे आचरण और नेक कर्म से प्रभु प्रसन्न होते हैं तथा उनका आशीर्वाद प्राप्त होता है।

जीवन में सफल होने के लिए प्रसन्नता अति आवश्यक है। प्रसन्न लोग कठिनतम स्थितियों में भी संतुलित रह सकते हैं और वे देर-सबेर अपने लक्ष्य को अवश्य ही प्राप्त कर लेते हैं। एक उद्‌देश्यपूर्ण जीवन के लिए जरूरी है कि हम

हर परिस्थिति में सहजता और प्रसन्नता से जीने का अभ्यास करें। प्रसन्नता दुनिया का सर्वश्रेष्ठ रसायन है। जो इस रसायन का निरंतर सेवन करता है, वह अनेक बाधाओं को सहज ही पार कर लेता है।

जीवन का उजाला है प्रसन्नता

जीवन में कभी प्रसन्नता और सहजता का दामन न छोड़ें। प्रसन्नता है तो जीवन है, जीवन का उजाला है। जीवन में जब भी विपदाओं के तूफान उठें, मन घबराए, हौसला पस्त होने लगे तो सहजता और प्रसन्नता का संतुलन बनाने का अभ्यास करें। सहजता और प्रसन्नता को धारण कर ऋषि-मुनि भी अजर-अमर हो गए। सिद्ध पुरुषों ने प्रसन्नता को एक समर्थ सिद्धि माना है।

प्रसन्नचित्त रहना आपका जन्मसिद्ध अधिकार है। आप अपने स्वामी स्वयं हैं। अतः जैसे जीवन को बनाना चाहेंगे, प्रसन्नचित्त रहकर बना सकते हैं। प्रसन्नता ऐसा आधारभूत गुण है, जिसके बिना आदमी चाहकर भी आशावादी नहीं बन सकता है। जब हम सकारात्मक सोचेंगे तो विनम्रता और प्रसन्नता जैसे गुणों को अपने भीतर विकसित कर पाएँगे।

प्रसन्न रहना स्वास्थ्य की दृष्टि से भी महत्त्वपूर्ण है। प्रसन्न रहनेवालों के मुकाबले निराशावादी लोग शीघ्र रोगग्रस्त

होते हैं। ऐसे लोग अपने मानसिक तनाव के कारण स्वयं तो दुःखी होते ही हैं, अपने परिवार के सदस्यों तथा अपने अधीनस्थ कर्मचारियों को भी अपने व्यवहार से दुःखी कर देते हैं। जबकि आशावादी के साथ अच्छे लोगों की टीम थोड़े प्रयत्न से बन जाती है। ऐसी टीम बनाकर वे बड़े-से-बड़ा कार्य कर डालते हैं। ऐसे लोग अपने दृढ़ संकल्प, कठोर श्रम एवं आत्मविश्वास से जीवन में जिस वस्तु को पाना चाहते हैं, पा ही लेते हैं। ऐसे लोगों के निर्णय अपने स्वविवेक पर आधारित होते हैं। वे सुनते तो सभी की हैं, किंतु करते अपने मन की हैं।

प्रसन्न हुआ जाता है

प्रसन्नता कहीं नहीं मिलती, प्रसन्न हुआ जाता है। प्रसन्नता चुनी जाती है। स्वयं आशा को प्रसन्नता का एक रूप कहा जाता है। जब हम ऊब जाते हैं तो मनोरंजन से प्रसन्नता मिलती है। बहुत ज्यादा मनोरंजन ऊबा देता है तो काम से प्रसन्नता मिलती है। कहा जाता है कि योग में एक ऐसी स्थिति आती है, जब अनंत प्रसन्नता मिल जाती है। मोक्ष भी चरम प्रसन्नता की प्राप्ति कहा जाता है।

वास्तव में प्रसन्नता हम सबके जीवन का परम लक्ष्य है। शांति प्रसन्नता का मूल आधार है। बच्चों की किलकारी

में और किसी की मुसकान में प्रसन्नता छिपी है। खिलखिलाते फूल, शीतल-सुहानी बयार, उगता सूरज, बसंत, बौछार, इंद्रधनुष—ऐसी सभी चीजें प्रसन्नता देती हैं।

कभी जब चित्त बहुत प्रसन्न हो तो द्वार-दरवाजे बंद करके अपने कमरे में लेट जाएँ। एक मिनट तक अपने माथे पर हाथ रखकर दोनों आँखों के बीच में एक मिनट तक रगड़ते रहें। चित्त अगर प्रसन्न हो तो माथे पर रगड़ते ही सारी प्रसन्नता माथे पर इकट्‌ठी हो जाएगी।

ध्यान रहे, जब आदमी उदास होता है तो अकसर माथे पर हाथ रखता है। माथे पर हाथ रखने से उदासी बिखरती है और प्रसन्नता इकट्‌ठी होती है। उस समय जो इकट्‌ठा है, वह बिखर जाता है। नकारात्मक कुछ होगा तो माथे पर हाथ रखने से बिखर जाता है। सकारात्मक कुछ होगा तो माथे पर हाथ रखने से इकट्‌ठा हो जाता है।

खूब हँसें

खूब हँसें, इससे रोग से मुक्ति मिलती है और रुग्ण व्यक्ति के शरीर में नई शक्ति का संचार होता है। प्रसन्नचित्त व्यक्ति हमेशा तरोताजा रहता है। हँसने से आयु बढ़ती है। उत्साह में वृद्धि होती है। कार्य-शक्ति बढ़ती है। प्रसन्नचित्त व्यक्ति को सभी लोग पसंद करतें हैं, क्योंकि उनके दिल में

कपट, द्वेष, ईर्ष्या और वैर-भाव समाप्त हो जाता है, जिसने अपने हृदय में वैर-भाव को स्थान दिया होता है, वह व्यक्ति खुलकर नहीं हँस सकता।

रोते-कुढ़ते व्यक्ति को कोई भी पसंद नहीं करता। हर नजर को मुसकराहट अच्छी लगती है। हमेशा याद रखें कि उन्मुक्त हँसी हमारे और हमारे परिजन के लिए बेहद लाभकारी औषधि है।

प्रसन्नता संजीवनी है। हँसना परमात्मा प्रदत्त औषधि है। हँसने से दिल की धड़कन बढ़ती है, फेफड़ों में स्वच्छ वायु जाती है। खूब जोर-जोर से हँसने से चेहरे और मस्तिष्क में रक्त-प्रवाह तेज होता है तथा चेहरे पर लालिमा व निखार आता है। बुद्धि तीव्र होती है। उस दिन को बेकार समझो, जिस दिन तुम खुलकर न हँसे।

हर व्यक्ति जीवन में प्रसन्न रहना चाहता है। कभी-कभी व्यक्ति का पूरा जीवन भविष्य में प्रसन्न व सुखी रहने की तैयारी करने में बीत जाता है। यह उसी तरह से है कि हम रात भर बिस्तर सजाने की तैयारी करते रहें, पर सोने के लिए समय न मिले। आंतरिक रूप से प्रसन्न होने के लिए हमने अपने जीवन के कितने मिनट, घंटे या दिन बिताए हैं? केवल वही वे क्षण हैं, जिनमें आपने अपने जीवन को सही मायने में जिया है। शायद वे केवल वही दिन थे, जब आप

एक छोटे बच्चे थे, पूर्णतया प्रसन्नता और आनंद में डूबे या उन कुछ क्षणों में, जब आप तैर रहे थे या लहरों से खेल रहे थे या किसी पर्वत के शिखर पर बैठे हुए वर्तमान क्षण में जीते हुए आनंद ले रहे थे।

जीवन को देखने के दो तरीके हैं। पहला यह कि किसी एक उद्‌देश्य की प्राप्ति के पश्चात् सुखी होना। दूसरा यह कि जो भी हो, उसी में सुखी रहना। बच्चे की तरह प्रसन्न रहना दिव्यता है। यह अपने अंदर से मुक्त होना तथा प्रत्येक से बिना किसी संकोच के सहज रहना है।

प्रसन्नता का वास्तविक स्वरूप

वास्तविक प्रसन्नता का मूल रहस्य दूसरों की प्रसन्नता में निहित है। जो परोपकारी व्यक्ति दूसरों के सुख के लिए जीते हैं, उनके कार्य औरों की सेवा रूप होते हैं। वे अपने जीवन में साधन-शून्य रहने पर भी प्रसन्न, संतुष्ट एवं सुखी रहते हैं। जिसके जीवन में वास्तविक प्रसन्नता की जिज्ञासा हो, वह अपने जीवन को यज्ञमय बनाए, नित्य निरंतर दूसरों का हित साधन करें, जिससे कि वह अपनी वांछित वस्तु प्रसन्नता को नित्य निरंतर पाता रहे।

प्रसन्नता का वास्तविक स्वरूप क्या है? इस पर गहराई से विचार करने की आवश्यकता है। लोगों में अधिकतर एक

सामान्य धारणा यह रहा करती है कि यदि उनके पास अधिक पैसा हो, साधन-सुविधाएँ हों तो वे प्रसन्न रह सकते हैं। ऐसी धारणाओंवाले लोग सदैव साधन-सुविधाओं के लिए रोते-रिरियाते रहने के बजाय एक बार दृष्टि उठाकर उन लोगों की ओर क्यों नहीं देखते कि प्रचुरता से परिपूर्ण होने पर भी क्या वे सुखी हैं, प्रसन्न और संतुष्ट हैं? यदि धन-दौलत तथा साधन-सुविधाएँ ही प्रसन्नता की हेतु होतीं तो संसार का हर धनवान अधिक-से-अधिक सुखी और संतुष्ट होता, किंतु ऐसा कहाँ है! इससे स्पष्ट है कि वैभव और विभूति वास्तविक प्रसन्नता के कारण नहीं हैं। प्रसन्नता-प्राप्ति का हेतु मानकर इन भौतिक विभूतियों के लिए रोते-मरते रहना बुद्धिमानी नहीं हैं।

बल, बुद्धि और विद्या को भी प्रसन्नता का हेतु मानने की एक सभ्य प्रथा है, किंतु यह ऐश्वर्य भी वास्तविक प्रसन्नता का वाहक नहीं है। यदि ऐसा होता तो हर शिक्षित प्रसन्न दिखाई देता और हर अशिक्षित अप्रसन्न। पर ऐसा भी देखने में नहीं आता। जिस प्रकार अनेक धनवान अप्रसन्न और निर्धन प्रसन्न देखे जा सकते हैं, उसी प्रकार अनेक विद्वान् क्षुब्ध तथा कम पढ़े-लिखे लोग प्रसन्न मिल सकते हैं। बड़े-बड़े बलवान आहें भरते और साधारण सामर्थ्यवान व्यक्ति हँसी-खुशी जीवन बिताते मिल सकते हैं।

इस प्रकार विचार करने से पता चलता है कि वास्तविक प्रसन्नता कोई ऐसी वस्तु नहीं, जिसको किसी शक्ति अथवा साधन के बल पर प्राप्त किया जा सके। साधनों की झोली फैलाकर प्रसन्नता की तलाश में दौड़नेवाले कभी भी उसे प्राप्त नहीं कर सकते और वास्तविक बात तो यह है कि जो जितने अधिक प्रसन्नता के पीछे दौड़ते हैं, वे उतने ही अधिक निराश होते हैं। उनका यह निरर्थक श्रम उस अबोध हिरण की तरह ही शोचनीय होता है, जो पानी के भ्रम में मरु-मरीचिका के पीछे दौड़ता है अथवा बालक की तरह कौतुकपूर्ण है, जो आगे पड़ी हुई अपनी छाया को पकड़ने के लिए दौड़ता है।

प्रसन्नता कोई ऐसी वस्तु नहीं, जिसका पीछा करने की जरूरत है। वह तो अवसर आने पर स्वयं ही आकर मनो-मंदिर में हँसने लगती है। उसके आने का एक अवसर तो यही होता है, जब हम उसको पाने के लिए कम-से-कम लालायित, व्यग्र और चिंतित होते हैं।

दूसरों की प्रसन्नता में नियोजित करें अपना जीवन

प्रसन्नता-प्राप्ति का मुख्य रहस्य यह है कि मनुष्य अपने लिए सुख की कामना छोड़कर अपना जीवन दूसरों की प्रसन्नता में नियोजित करे। दूसरों को प्रसन्न करने के प्रयत्न में जो कष्ट प्राप्त होता है, वह भी प्रसन्नता ही देता है। छोटा-

मोटा कष्ट तो दूर, देशभक्त तथा अनेक परोपकारियों ने अपने प्राण देकर भी अनिर्वचनीय प्रसन्नता प्राप्त की है। इतिहास ऐसे बलिदानियों से भरा पड़ा है कि जिस समय उनको मृत्युवेदी पर प्राण-हरण के लिए लाया गया, उस समय उनके मुख पर जो आह्लाद, जो तेज, जो मुसकान और जो प्रसन्नता देखी गई, वह काल के अनंत पृष्ठ पर स्वर्णाक्षरों में अंकित हो गई।

जिस दिन यह सोचने के बजाय कि आज हम अपने लिए अधिक-से-अधिक प्रसन्नता संचय करेंगे, यदि यह सोचकर दिन का काम प्रारंभ किया जाए कि आज हम दूसरों के लिए अधिक प्रसन्नता संचय करेंगे तो वह दिन आपके लिए बहुत अधिक प्रसन्नता का दिन होगा। एक साधारण व्यक्ति भी अपने जीवन की किसी-न-किसी ऐसी घटना का स्मरण करके समझ सकता है कि जब उसने कोई परोपकार का काम किया तब उसके हृदय में प्रसन्नता की कितनी गहरी अनुभूति हुई थी।

एक शिल्पी भवन अथवा मंदिर बनाता है। यद्यपि वह उसका नहीं होता तथापि वह इसलिए प्रसन्न होता है कि उसका यह काम दूसरों को प्रसन्न कर सकता है। इसी प्रकार कोई चित्रकार, कलाकार अथवा कवि कोई रचना करता है तो उसे प्रसन्नता होती है, उसे अपनी कृति अच्छी लगती है,

किंतु उसकी प्रसन्नता में वास्तविकता तभी आती है जब दूसरे भी प्रसन्न होते हैं। संयोगवश, यदि उसका सृजन अन्य किसी की प्रसन्नता का संपादन न कर सके तो अपनी होते हुए भी कला में कोई रुचि न रहेगी, वह उसे बेकार समझेगा और उसकी प्रसन्नता जाती रहेगी। साधारण मनोरंजन, कार्यों तथा व्यवहारों में इस रहस्य को आए दिन देखा जा सकता है कि जो काम दूसरों को प्रसन्न करनेवाले होते हैं अथवा जिन कामों से हम दूसरों को प्रसन्न कर पाते हैं, वे ही काम हमें अधिक-से-अधिक प्रसन्न किया करते हैं। एक खिलाड़ी गेंद खेलता है और विपक्षी पर एक गोल कर देता है तो उसे अपनी सफलता पर प्रसन्नता होती है, किंतु तब ज्यादा होती है। जब उसके साथी प्रसन्न होते हैं। यदि किसी कारण से उसकी यह सफलता दर्शकों अथवा साथियों को प्रसन्न न कर पाए तो उसे स्वयं भी प्रसन्नता न होगी।

लक्ष्य में निहित प्रसन्नता

प्रसन्नता पाने की इच्छा सबके मन में रहती है। अमेरिका में स्वतंत्रता की घोषणा में कहा गया कि प्रसन्नता और आजादी पाना हर व्यक्ति का अधिकार है। हर धर्म व दर्शन प्रसन्नता तक पहुँचने का मार्ग दिखाता है। कोई चाहे कुछ भी कहे, असली प्रसन्नता आपके उद्‍देश्य में छिपी है। ये

उद्देश्य आपके पूरे जीवन को प्रभावित करते हैं। अगर आपने जीवन के विभिन्न क्षेत्रों के लिए लक्ष्य नहीं बनाए हैं तो आपको इस दिशा में सोचना चाहिए। बाहरी परिस्थितियों व उनसे निपटने के तरीके पर प्रसन्नता निर्भर करती है। विशेष लक्ष्यों की ओर बढ़ने से प्रसन्नता का स्तर भी बढ़ता है। हमें अपने लक्ष्यों के प्रति स्पष्ट होना चाहिए। जैसे-जैसे हम लक्ष्य की ओर बढ़ेंगे, प्रसन्नता बढ़ती चली जाएगी।

बर्टेंड रसेल के शब्दों में—"प्रसन्नता का रहस्य है कि अपनी रुचियों का क्षेत्र विस्तृत करें, अपने संपर्क में आनेवाली वस्तुओं व अंगों के प्रति अपनी प्रतिक्रिया को मित्रवत् बना लें।"

वर्तमान में जीना है प्रसन्नता

वर्तमान में जीना प्रसन्नता है। बहुत सारे लोग काफी ऊर्जा खर्च करके थके हुए और चिंता के साथ इधर-उधर भागते रहते हैं, हमेशा व्यस्त रहते हैं और कभी भी गुलाब की खुशबू को सूँघने के लिए नहीं रुकते और एक दिन सुबह उठकर देखते हैं कि वो बूढ़े हो गए हैं तथा उनकी पूरी जिंदगी भागते-भागते बीत गई। आपने खुद ही प्रसन्नता को भविष्य के लिए छोड़ दिया था।

एक चीनी कहावत है कि व्यक्ति को एक घंटे की खुशी

के लिए झपकी लेनी चाहिए। एक दिन की खुशी के लिए पिकनिक पर जाना चाहिए और जिंदगी भर की खुशी के लिए किसी अनजान व्यक्ति की मदद करनी चाहिए। खुशी व्यक्ति को आंतरिक रूप से मजबूत रखती है। नैतिकता व कर्तव्य-बोध का पालन करते हुए जब खुशी मिलती है तब वह सामाजिक और आर्थिक रूप से अत्यंत सुदृढ़ होती है। खुशियाँ बाँटने से उसी प्रकार बढ़ती हैं, जिस प्रकार विद्या दान देने से बढ़ती है। एक प्रसन्न मनुष्य सुखी होता है और वह संस्कृति व सभ्यता को अपने कर्मों से जीवंत रखता है।

बचें तृष्णा व ईर्ष्या की आग से

जो व्यक्ति ईर्ष्या, क्रोध व प्रतिशोध की भावना के कारण गलत मार्ग की ओर उन्मुख हो जाते हैं, उनके अंतर्मन में आध्यात्मिक शक्ति क्षीण होने लगती है और उनका जीवन कष्टप्रद हो जाता है, जबकि मन की शुचिता व्यक्ति को सदाचरण पर चलने की प्रेरणा देती है। खुशी का जज्बा व्यक्ति को शालीन, विनम्र और व्यवहारकुशल बनाता है। जिस व्यक्ति के अंदर दिल से निकली सच्ची खुशी विराजमान रहती है, उसका लोक-व्यवहार उत्कृष्ट होता है। जीवन में हर ओर खुशियाँ बिखरी पड़ी हैं, लेकिन लोग उनको अपने अंतस् में प्रवेश नहीं करने देते। जो खुशी की शक्ति को

पहचान जाते हैं, वे छोटी-छोटी बातों में खुशियाँ तलाशकर अपने जीवन को खुशहाल बना लेते हैं। यही नहीं, ऐसे व्यक्ति आध्यात्मिक व नैतिक रूप से भी सशक्त हो जाते हैं।

जीवन में परिस्थितियाँ कभी अनुकूल रहती हैं और कभी प्रतिकूल; प्रतिकूल परिस्थितियों में जो धीरज खो देते हैं अर्थात् जिनका मानसिक संतुलन नष्ट हो जाता है, वे प्रसन्न नहीं रह सकते। जो अपने मन को क्षणिक सुख देनेवाली विषय-सामग्री एकत्र करने में लगा देते हैं, वे भी सदा अशांत रहते हैं। तृष्णा की आग भी मन की शांति को जलाकर राख कर देती है। तृष्णा के कारण लखपति करोड़पति और करोड़पति अरबपति बनना चाहता है तथा जो अरबपति है, वह देश का मालिक बनना चाहता है। देश का मालिक भी पूरे विश्व पर अधिकार जमाना चाहता है, इस प्रकार तृष्णा कभी मनुष्य को चैन से बैठने नहीं देती।

ऋषि-मुनि, साधु-संत प्रतिकूल परिस्थितियों में अधीर नहीं होते, अपने मानसिक संतुलन को नष्ट नहीं होने देते। मन को विषय-सामग्री जुटाने में न लगाकर सद्गुण संग्रह में लगाते हैं। तृष्णा से सदा दूर रहते हैं, इस प्रकार शांति नष्ट करनेवाला, व्याकुल बनानेवाला कोई कारण न रहने से वे सदा हँसमुख रहते हैं, प्रसन्न रहते हैं।

प्रसन्नता पर महान् लोगों के विचार

खुशी तब मिलेगी जब आप जो सोचते हैं, जो कहते हैं और जो करते हैं, वह सामंजस्य में हों।

—महात्मा गांधी

जैसे सूर्योदय के होते ही अंधकार दूर हो जाता है, वैसे ही मन की प्रसन्नता से सारी बाधाएँ शांत हो जाती हैं।

—अमृतलाल नागर

प्रसन्नता कोई पहले से निर्मित वस्तु नहीं है। वह आपके कर्मों से आती है।

—दलाई लामा

जो अपने परिवार से अत्यधिक जुड़ा हुआ है, उसे भय और चिंता का सामना करना पड़ता है, क्योंकि सभी दुःखों की जड़ लगाव है, इसलिए खुश रहने के लिए लगाव छोड़ देना चाहिए।

—चाणक्य

पैसे ने कभी किसी को खुशी नहीं दी है और न देगा, उसके स्वभाव में ऐसा कुछ नहीं है, जिससे खुशी उत्पन्न हो। यह जितना ज्यादा जिसके पास होता है, वह उतना ही और इसे पाना चाहता है।

-बेंजामिन फ्रैंकलिन

कुछ लोग जहाँ जाते हैं, वहाँ खुशियाँ लाते हैं, कुछ लोग

जब जाते हैं तब खुशियाँ लाते हैं।

—ऑस्कर वाइल्ड

प्रसन्नता हम पर ही निर्भर करती है।

—अरस्तू

संतुलित दिमाग जैसी कोई सादगी नहीं है, संतोष जैसा कोई सुख नहीं है, लोभ जैसी कोई बीमारी नहीं है और दया जैसा कोई पुण्य नहीं है।

—चाणक्य

कभी भी उनसे मित्रता मत कीजिए, जो आपसे कम या ज्यादा प्रतिष्ठा के हों। ऐसी मित्रता कभी आपको खुशी नहीं देगी।

—चाणक्य

आपके जीवन की प्रसन्नता आपके विचारों की गुणवत्ता पर निर्भर करती है।

—मार्क्स ऑरेलियास

मैंने पाया है कि खुशी खोने का एक निश्चित तरीका है, इसे हर कीमत पर चाहा जाए।

—बेट डेविस

खुशी की तरह दौलत भी कभी प्रत्यक्ष रूप से नहीं मिलती। यह किसी उपयोगी सेवा के फलस्वरूप मिलती है।

—हेनरी फोर्ड

यदि आपकी खुशी इस बात पर निर्भर करती है कि कोई और क्या करता है, तो मेरा मानना है कि आपको कोई समस्या है।

—रिचर्ड बैक

किसी को अधिकार नहीं है कि वो बिना खुशी पैदा किए उसका उपभोग करे।

—हेलन कीलर

जैसे एक सचेत व्यापारी अपने सारे पैसे एक जगह नहीं निवेश करता, उसी तरह बुद्धिमत्ता भी शायद हमें यह चेतावनी देती है कि हम अपनी सारी खुशियाँ किसी एक जगह से पाने की अपेक्षा न करें।

—सिगमंड फ्रायड

प्रसन्नता वह पुरस्कार है, जो हमें हमारी समझ के अनुरूप सबसे सही जीवन जीने पर मिलता है।

—रिचर्ड बैक

जब आप किसी काम की शुरुआत करें तो असफलता से न डरें और उस काम को न छोड़ें। जो लोग ईमानदारी से काम करते हैं, वे सबसे प्रसन्न होते हैं।

—चाणक्य

जो चाहा, वो मिल जाना सफलता है। जो मिला, उसको चाहना प्रसन्नता है।

—डेल कार्नेगी

प्रसन्नता कोई ऐसी चीज नहीं है, जिसे आप भविष्य के लिए टाल दें या ये कुछ ऐसा है, जिसे आप वर्तमान के लिए डिजाइन करते हैं।

—जिम रोन

जब महत्त्वाकांक्षाएँ खत्म होती हैं तब खुशी शुरू होती है।

—थॉमस मर्टन

प्रसन्नता शब्द अपना मतलब खो देगा, यदि उसे दुःख से संतुलित नहीं किया जाए।

—कार्ल जंग

आपके एक मिनट के आक्रोश का मतलब है कि आपने प्रसन्नता के साठ सेकंड खो दिए।

—रॉल्फ वाल्डो एमर्सन

प्रेम वह प्रतिबंध है, जिसमें दूसरे की खुशी आपकी अपनी खुशी के लिए आवश्यक है।

—रॉबर्ट

खुशी क्या है? अगर आप यह खोजते रहेंगे तो कभी भी खुश नहीं रहेंगे और जीवन क्या है? अगर आप यह खोजते रहेंगे तो कभी भी जी नहीं पाएँगे।

—अल्बर्ट कामुस

जो आप चाहते हैं, उसे पाना सफलता है और जो आपके

पास है, उसे चाहना ही प्रसन्नता है।

—डब्ल्यू.पी. किंसेल्ला

आपके पास क्या है, आप कौन हैं, आप कहाँ हैं, आप क्या कर रहे हैं— यह आपको खुश या दुःखी नहीं बनाता है, बल्कि इन सब चीजों के बारे में आप कैसा सोचते हैं, ये ही निर्धारित करता है कि आप खुश रहेंगे या दुःखी।

—डेल कार्नेगी

अपना आदर करना सीखिए अर्थात् अपनी खुशियों के लिए।

—अयरैंड

खुश रहने का मतलब यह नहीं है कि आप सर्वगुण-संपन्न हैं बल्कि इसका मतलब यह है कि आपने दोष से परे देखना सीख लिया है।

—के.बी. इंडियाना

अपने अतीत की अप्रिय घटनाओं को पकड़कर न रखने की कला ही सच्ची प्रसन्नता है।

—अज्ञात

अगर आप एक घंटे की खुशी चाहते हैं तो एक झपकी लीजिए। अगर आप एक दिन की खुशी चाहते हैं तो मछली पकड़िए।

—चीनी कहावत

खुशी ऐसी चीज है, जो हमारे जीवन में ऐसे दरवाजे से प्रवेश करती है, जिसे कि हम अकसर खुला रखना भूल जाते हैं।

—रोज लेन

हमारे पास कितना है, इससे नहीं बल्कि हमारे पास जो है, उसका हम कितना लुत्फ उठाते हैं, वह ही खुशी है।

—चार्ल्स स्पुर्गेओं

प्रसन्नता कोई लक्ष्य नहीं है बल्कि उप-उत्पाद है।

—एलेअनोर रॉसवेल्ट

हमारी सारी अप्रसन्नता या प्रसन्नता पूरी तरह से उस व्यक्ति या वस्तु की गुणवत्ता पर निर्भर करती है, जिससे हम प्रेम से जुड़े हुए हैं।

—बारूक स्पिनोजा

जो लोग उस चीज की सराहना नहीं कर सकते, जो कि उनके पास है, कभी भी खुश नहीं रह सकते।

—अज्ञात

सफलता खुशी की चाबी नहीं है। प्रसन्नता सफलता की चाबी है। आप जो कर रहे हैं, उससे अगर आप प्यार करते हैं तो आप जरूर सफल होंगे।

—हरमन केन

मैं सोया और सपना देखा कि जीवन में प्रसन्नता थी। मैं जाग उठा और देखा कि जीवन सेवा थी। मैंने काम किया और देखा सेवा प्रसन्नता थी।

—रवींद्रनाथ टैगोर

अंतरराष्ट्रीय प्रसन्नता दिवस

विश्व भर में पहला अंतरराष्ट्रीय प्रसन्नता दिवस 20 मार्च, 2013 को मनाया गया। भूटान की पहल पर संयुक्त राष्ट्र संघ ने 20 मार्च को 'अंतरराष्ट्रीय प्रसन्नता दिवस' घोषित किया, जो सकल राष्ट्रीय उत्पाद के ऊपर सकल राष्ट्रीय आनंद की अवधारणा को लगातार महत्त्व देता है।

भूटान ने 20 मार्च को सार्वजनिक अवकाश घोषित किया, ताकि परिवार के लोग एक साथ रह सकें। भूटान के प्रधानमंत्री जिग्मे वाई थिनले ने कहा कि 'प्रसन्नता दिवस' पर अवकाश घोषित कर सरकार ने प्रत्येक देशवासी को यह सोचने का अवसर दिया कि जीवन में आनंद की प्राप्ति के लिए क्या जरूरी है।

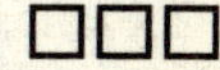

मिनी Personality Development सीरीज

लक्ष्य एक छोटा सा बिंदु है, जिसके केंद्र में जीवन की सारी सफलताओं का स्रोत मौजूद है। इस बिंदु को लक्ष्य करके हर व्यक्ति अर्जुन की भाँति चिड़िया की आँख भेद सकता है। प्रस्तुत पुस्तक 'लक्ष्य' की ओर बढ़ते और बढ़ने के जिज्ञासुओं के लिए एक गाइड के रूप में काम आ सकती है।

प्रसन्नता मनुष्य का एक ऐसा गुण है, जो विपरीत परिस्थितियों में भी उसे सहज, सरल, सामान्य और रचनात्मक बनाए रखता है। तनामुक्त रहने, प्रसन्न और प्रफुल्लित रहने के व्यावहारिक सूत्र बताती एक जीवनोपयोगी पुस्तक।

नेतृत्व वही व्यक्ति कर सकता है, जिसका व्यक्तित्व प्रभावशाली हो, वाणी में आकर्षण हो, जिसकी तर्कशक्ति लोगों को लाजवाब कर दे। आपके भीतर छिपे लीडरशिप के गुणों को उभारकर सफल होने के गुर बतानेवाली पुस्तक।

दरअसल, सपने असल जिंदगी की वे योजनाएँ हैं, जिन्हें हम साकार करना चाहते हैं। आपने जो सपना देखा है, वह मूर्त रूप कैसे ले, उसके लिए क्या, क्यों और कैसे किया जाए—प्रस्तुत पुस्तक यह सब परत-दर-परत बताती है।

शिष्टाचार का जीवन में अहम स्थान है। शिष्टाचार द्वारा अनजान व्यक्ति भी समाज में सम्मान पाता है, वहीं शिष्टाचार रहित व्यक्ति परिजनों द्वारा भी दुत्कारा जाता है। प्रस्तुत पुस्तक व्यक्ति को शिष्टाचार युक्त बनाने की दिशा में अग्रसर करती है।

स्मरण-शक्ति बढ़ाने के लिए सरल सा नियम है—सरलता से उस विषय का दोहराव किया जाता रहे, फिर वह विषय स्थायी रूप से हमारे स्मृति-पटल पर दर्ज हो जाता है। स्मरण-शक्ति बढ़ाने के सरल उपाय बताती पुस्तक।

सकारात्मक सोच आदमी का वह ब्रह्मास्त्र है, जो उसके मार्ग की सभी बाधाओं को समाप्त कर सफलता का मार्ग प्रशस्त कर देता है। सकारात्मक सोच विकसित करने के सरल उपाय बताती पुस्तक।

अगर आपको ज्यादा-से-ज्यादा काम सौंपा जाता है तो यकीन मानिए, आप एक जिम्मेदार व्यक्ति हैं, क्योंकि जिम्मेदारी उसी को मिलती है, जो उन्हें निभा सकता है। सफलतापूर्वक जिम्मेदारी निभाने की क्षमता पैदा करनेवाली पुस्तक।

आत्मविश्वास वह सुरक्षा कवच है, जो हर तरह की बाधाओं के विरुद्ध आपकी रक्षा करता है, और सदैव आपको सफलता के मार्ग की ओर अग्रसर करता है। आत्मविश्वास विकसित करने की प्रेरणा देनेवाली पठनीय पुस्तक।

सफलता वह फल है, जो बहुत स्वादिष्ट है और हर कोई उसे चखना चाहता है; लेकिन यह चलकर झोली में आनेवाला फल नहीं है वरन् इस तक पहुँचने के लिए आपको कड़ी मेहनत करनी होगी। सफलता को पाने के व्यावहारिक सूत्र बताती लोकप्रिय पुस्तक।

समय-प्रबंधन में जरा भी कठिनाई नहीं है, प्रत्येक कार्य अपने तय वक्त पर किया जाए—समय पर सोकर उठना, नहाना, खाना, पढ़ाई, बाकी सारे काम निबटाना। जो व्यक्ति समय को नष्ट करता है, समय ही उसे नष्ट कर देता है। दरअसल, समय-प्रबंधन ही जीवन-प्रबंधन है। टाइम मैनेजमेंट की बेजोड़ पुस्तक।

इच्छाशक्ति मनुष्य की वह अप्रतिम शक्ति है, जो पहाड़ों के सीने चीरकर उनमें से नदियाँ बहा सकती है। प्रस्तुत पुस्तक सोई हुई इच्छाशक्ति को जगाकर लक्ष्य-प्राप्ति, सफलता और जीवन के तमाम अभीष्ट पाने का मार्ग बताती है।